不同人群平衡能力的影响因素研究

Study on the Influencing Factors of Balance Ability of Different Population

游永豪 著

中国科学技术大学出版社

内容简介

平衡能力是人体应当具备的一项基本功能，是反映人们生活质量的重要因素。不同人群平衡能力的特点不同，影响因素也不同。良好的平衡能力使人体姿势或动作更加稳定。若平衡功能退化，跌倒风险就会升高，因此，对不同人群平衡能力影响因素的研究具有重要意义。本书采用实验研究法，分别对老年人、青年人、少年儿童等人群的静动态平衡能力和可能影响平衡能力的有关指标进行测试与分析，探索老年人、青年人、少年儿童等人群平衡能力的影响因素，揭示人体平衡能力的相关规律。

本书可供大学体育专业教师、学者、学生等参考。

图书在版编目(CIP)数据

不同人群平衡能力的影响因素研究/游永豪著. —合肥：中国科学技术大学出版社，2018.10

ISBN 978-7-312-04431-1

Ⅰ.不… Ⅱ.游… Ⅲ.人体—平衡—影响因素—研究 Ⅳ.G804.64

中国版本图书馆 CIP 数据核字(2018)第 068155 号

出版 中国科学技术大学出版社
安徽省合肥市金寨路 96 号，230026
http://press.ustc.edu.cn
https://zgkxjsdxcbs.tmall.com

印刷 安徽省瑞隆印务有限公司

发行 中国科学技术大学出版社

经销 全国新华书店

开本 710 mm×1000 mm 1/16

印张 9.25

字数 171 千

版次 2018 年 10 月第 1 版

印次 2018 年 10 月第 1 次印刷

定价 38.00 元

前　言

平衡能力是人体的一种基本生理机能，是人体维持生存活动的基础能力。各类人群对平衡能力的需求是不同的，只有具备良好的平衡能力，儿童、老年人、孕妇等人群才能够站得稳、走得稳，避免跌倒；体操、武术、跆拳道、田径、球类等运动员的技术动作才能够更加稳定、准确，进而提升动作质量和运动水平；一般人群的生活质量才能得到保障。但是国内尚缺乏对不同人群平衡能力影响因素方面的系统研究。本书以此为切入点，分别探索了老年人、青年人、少年儿童等人群平衡能力的影响因素，以期为相关研究提供理论与实践参考。

平衡能力一般可分为静态平衡能力、动态平衡能力、对称平衡能力三类，前两类是本书的研究重点。因此，本书在探索不同人群平衡能力的影响因素时，分静态和动态两个方面分别论述。由于受实验条件的限制，本书多采用单个影响因素的单因素分析，很少涉及多个影响因素的主效应或交互作用分析。

本书中的实验测试和成果出版是在安徽省自然科学基金项目(1508085QA18)、合肥师范学院第二批“136”人才计划项目资助下完成的。研究过程中得到合肥师范学院很多领导、老师和学生的大力帮助，还获得了合肥市一些体育培训机构、幼儿园的大力支持，在此一并表示感谢。

平衡能力受年龄、身体形态、身体机能、身体素质、心理素质、环境、疾病等多方面因素的影响，需要研究的对象和内容都较多，工作量较大，故书中难免会存在不足之处，敬请读者给予批评指正。

目　　录

前言 …………………………………………………………………………………………（ⅰ）

第1章　人体平衡的机制 …………………………………………………………………（1）

第2章　人体平衡能力影响因素研究现状 ………………………………………………（3）

2.1　运动对人体平衡能力的影响研究现状 ………………………………………（3）

2.1.1　运动对老年人平衡能力的影响研究现状 ……………………………（3）

2.1.2　运动对青年人平衡能力的影响研究现状 ……………………………（8）

2.1.3　运动对少年儿童平衡能力的影响研究现状 …………………………（9）

2.2　疾病对人体平衡能力的影响研究现状 ………………………………………（10）

2.3　药物对人体平衡能力的影响研究现状 ………………………………………（11）

2.4　其他因素对人体平衡能力的影响研究现状 …………………………………（12）

第3章　人体平衡能力的测量与评定方法 ………………………………………………（14）

3.1　观察法 …………………………………………………………………………（14）

3.1.1　闭目直立检查法(Romberg's Test,RT) ………………………………（14）

3.1.2　强化 Romberg 检查法(Strengthening Romberg's Test,SRT) ……………………………………………………………………………（14）

3.1.3　单腿直立检查法(One Leg Stand Test,OLST) ………………………（14）

3.1.4　过指试验(Past Pointing Test,PPT) ……………………………………（15）

3.2　量表测评法 ……………………………………………………………………（15）

3.2.1　Berg 平衡量表(Berg Balance Scale,BBS) ……………………………（15）

3.2.2　Tinetti 步态和平衡量表 (Tinetti Gait and Balance Scale,TGBS) ……………………………（16）

3.2.3　活动平衡信心量表 (Activities-specific Balance Confidence Scale,ABC) ……………（16）

3.2.4　Brunel 平衡量表(Brunel Balance Assessment,BBA) ………………（17）

3.2.5　动态步态指数(Dynamic Gait Index,DGI) ……………………………（17）

3.2.6　功能性步态评价(Functional Gait Assessment,FGA) ………………（17）

3.2.7　计时起立-行走测验(Timed Up and Go Test,TUGT) ………………（17）

3.2.8　Fugl-Meyer 平衡量表(Fugl-Meyer Balance Scale,FMBS) …………（18）

3.2.9　Lindmark 平衡量表(Lindmark Balance Scale,LBS) …………………（18）

3.3　实验测试法 ……………………………………………………………………（19）

3.3.1　人体静态平衡能力测量与评定方法 ……………………………（19）
3.3.2　人体动态平衡能力测量与评定方法 ……………………………（22）
3.3.3　人体平衡能力综合测量与评定方法 ……………………………（29）

第4章　老年人平衡能力的影响因素研究……………………………（31）
4.1　实验测试对象 ……………………………（31）
4.2　老年人平衡能力的实验测试 ……………………………（32）
4.3　反应速度对老年人平衡能力影响的研究 ……………………………（33）
4.3.1　反应时的实验测试 ……………………………（34）
4.3.2　反应时对老年人平衡能力的影响结果 ……………………………（34）
4.3.3　讨论 ……………………………（36）
4.3.4　小结 ……………………………（37）
4.4　动作速度对老年人平衡能力影响的研究 ……………………………（38）
4.4.1　动作速度的实验测试 ……………………………（38）
4.4.2　动作速度对老年人平衡能力的影响结果 ……………………………（38）
4.4.3　讨论 ……………………………（40）
4.4.4　小结 ……………………………（41）
4.5　姿势应力对老年人平衡能力影响的研究 ……………………………（41）
4.5.1　姿势应力的实验测试 ……………………………（41）
4.5.2　姿势应力对老年人平衡能力的影响结果 ……………………………（42）
4.5.3　讨论 ……………………………（44）
4.5.4　小结 ……………………………（45）
4.6　伸及能力对老年人平衡能力影响的研究 ……………………………（45）
4.6.1　伸及能力的实验测试 ……………………………（45）
4.6.2　伸及能力对老年人平衡能力的影响结果 ……………………………（46）
4.6.3　讨论 ……………………………（48）
4.6.4　小结 ……………………………（49）
4.7　感知觉对老年人平衡能力的影响研究 ……………………………（49）
4.7.1　感知觉的实验测试 ……………………………（50）
4.7.2　感知觉对老年人平衡能力的影响结果 ……………………………（50）
4.7.3　讨论 ……………………………（54）
4.7.4　小结 ……………………………（55）
4.8　老年人平衡能力影响因素的多元回归分析 ……………………………（55）
4.8.1　老年人静态平衡能力影响因素的多元回归分析 ……………………………（55）
4.8.2　老年人动态平衡能力影响因素的多元回归分析 ……………………………（64）

第5章　青年人群平衡能力的影响因素研究……………………………（72）
5.1　中枢疲劳对青年男子静态平衡能力的影响研究 ……………………………（72）

5.1.1　实验测试对象 …………………………………………………………（72）
5.1.2　中枢疲劳与静态平衡能力的实验测试 ……………………………（73）
5.1.3　结果与分析 ……………………………………………………………（74）
5.1.4　小结 ……………………………………………………………………（78）
5.2　身体成分与形态指标对青年人平衡能力的影响研究 ………………（78）
5.2.1　实验测试对象 …………………………………………………………（80）
5.2.2　身体成分、形态、动静态平衡能力的实验测试 ……………………（80）
5.2.3　身体成分与形态对青年人平衡能力的影响结果 ……………………（81）
5.2.4　讨论 ……………………………………………………………………（83）
5.2.5　小结 ……………………………………………………………………（84）
第6章　少年儿童平衡能力的影响因素研究……………………………（86）
6.1　身体基础条件对少年儿童平衡能力的影响 …………………………（86）
6.1.1　实验测试对象 …………………………………………………………（86）
6.1.2　平衡能力测试 …………………………………………………………（87）
6.1.3　少年儿童平衡能力的影响因素分析结果 ……………………………（88）
6.1.4　讨论 ……………………………………………………………………（91）
6.1.5　小结 ……………………………………………………………………（92）
6.2　体育锻炼对少年儿童平衡能力的影响 ………………………………（93）
6.2.1　中国舞练习对少年儿童平衡能力的影响研究 ………………………（93）
6.2.2　跆拳道练习对少年儿童平衡能力的影响研究 ………………………（98）
6.2.3　自由式轮滑练习对少年儿童平衡能力的影响研究 …………………（102）
第7章　结论……………………………………………………………………（107）
参考文献…………………………………………………………………………（109）
附表………………………………………………………………………………（121）

第 1 章　人体平衡的机制

平衡是身体所处的一种稳定的姿态，是在运动或受到外力作用时能自动调整并维持姿势稳定的一种能力，是人体重要的身体素质之一。平衡能力是人体应当具备的一项基本功能，良好的平衡能力使人体姿势或动作更加稳定。

根据人体平衡的性质可以把人体平衡能力分为三类：对称平衡能力、静态平衡能力、动态平衡能力[1]。对称平衡能力指同时将身体的重量均衡分配到身体的多个支撑点的能力。静态平衡能力指人体或人体某一部位保持某种特定姿势稳定的能力。动态平衡能力指人体在运动状态下，对人体重心和姿势的调整和控制的能力，包括自动态平衡能力和他动态平衡能力[2]。自动态平衡能力指人体进行自主运动转换身体姿势时重获稳定状态的能力，他动态平衡能力指人体受到外力干扰时通过改变身体姿势恢复稳定状态的能力。

人体对运动性干扰的姿势控制模式包括踝关节策略（Ankle Strategy）、髋关节策略（Hip Strategy）、迈步策略（Step Strategy）三种[3-5]。踝关节策略指干扰力较小且支撑面较硬时主要通过踝关节的活动度和力量控制姿势；髋关节策略指干扰力较大、较快时主要通过髋关节控制姿势；迈步策略指干扰力很大以至身体重心移动到支撑面以外时主要通过迈步方式控制姿势。因此，根据人体姿势控制模式的不同，人体动态平衡能力的测试方法也可以分为踝关节、髋关节、迈步三种策略。

平衡能力是反映人生活质量的重要因素[6]。若平衡功能退化，跌倒风险就会升高，生活质量就会降低。本书旨在探索人体平衡能力的测量与评定方法，分析老年人、青年人、少年儿童等人群平衡能力的影响因素，揭示人体平衡能力的相关规律。

从生理学的角度来看，维持人体平衡需要三个环节：感觉传入—中枢整合—运动控制。人体平衡能力主要受平衡觉传导的三个环节影响，任何影响三个环节传导的因素都会影响到人体平衡能力。感觉传入包括视觉、本体感觉、前庭觉信息的传入。视觉信息由视网膜收集，经视通路传入视中枢，提供周围环境、身体运动和方向等外源性信息。本体感觉由肌肉、关节、肌腱、皮肤等处的感受器收集身体各部位的空间信息及肌紧张状态信息，经深感觉传导通路向上传递。它主要包括关节静态位置的感知能力、关节运动的感知能力（关节运动或加速度的感知）、反射和肌张力调节回路的传出活动能力。前庭觉信息包括三个半规管感知的人体角加速度运动，椭圆囊、球囊（耳石器）感知的瞬时直线加速运动及与直线重力加速有关的头部位置改变的信息，经第四对颅神经进入脑干。三种感觉信息经过脊髓、前庭核、内侧纵束、脑干网状结构、小脑及大脑皮层等多级平衡觉神经中枢加工整合后，经 γ 运动纤维传出的冲动控制梭内肌纤维的紧张性，经 α 运动纤维发放的冲动控制骨骼肌的舒缩。目前对平衡觉的输入、输出通路研究得较为清楚，但是对平衡觉的大脑皮层中枢定位尚不能确定，各级中枢的相互联系及影响有待于更进一步研究。另外，视觉、本体感觉在前庭功能障碍时具有代偿作用，两侧前庭相互间也具有代偿作用[7,8]。

从生物力学的角度来看，人体平衡的力学条件为合外力为 0（$\sum F=0$）且合外力矩为 0（$\sum M=0$），前者维持人体平动状态的稳定，后者维持人体转动状态的稳定。人体的平衡能力受三个因素影响，分别是支撑面积、重心高度、体重。一般而言，支撑面积越大，或重心高度越低，或体重越重，人体站立时的平衡能力越好。由于三个因素一般都存在交互作用，实际上很难分析在排除其他因素影响的情况下单一因素对平衡能力的影响。比如，人体双足平行站立时，两足之间的距离越大，支撑面积就越大，同时重心高度也越低，此时人体平衡能力的提升是由支撑面积和重心高度的共同影响造成的，不易探索两者各自影响的具体程度。

第 2 章　人体平衡能力影响因素研究现状

2.1　运动对人体平衡能力的影响研究现状

2.1.1　运动对老年人平衡能力的影响研究现状

太极拳运动对练习者动作稳定性的要求较高，国内很多学者在其对平衡能力的影响方面进行了探索。

赵影等在研究太极拳对中老年女性平衡能力的影响中，对不同年限的太极拳锻炼影响效果进行了分析。研究者把 163 名受试者分为两个年龄段（高龄、低龄），每个年龄段分 3 组（对照、初学、熟练），采用 WIN-POD 平衡功能检测系统分别测试单足和双足在睁眼、闭眼状态下的轨迹长、外周面积、前后与左右方向的动摇指数。组间对比发现，初学太极拳能够提高中老年女性的重心微控能力，学习 3～5 年后能够全面提高中老年女性的静态平衡能力[9]。

肖春梅等在研究太极拳运动对老年人平衡能力的影响中，采用动态平衡仪测试、闭目原地踏步测试、平衡木测试、起立-行走测试、闭眼单足站立测试、强化 Romberg 检查测试、垂直 X 书写测试、改良 Wolfson 测试、前庭步测试等对常练太极拳和不练太极拳的同龄对照组进行了平衡功能测量。研究发现，太极拳运动可使老年人的前庭、躯体感觉、肌肉力量、抗外部干扰、行动敏捷、协调能力等能力增强，延缓平衡能力的下降[10]。

孙威等为探索太极拳练习和快走练习对老年人平衡能力的影响，把 31 名老年女性随机分成两组，分别进行 16 周的太极拳和快走运动干预。研究发现，太极拳和快走练习均可以提高老年人的平衡能力，太极拳练习提高得更快，而且练习太极拳的老年人提升的平衡能力维持的时间更长[11]。

陈晓彬在研究太极拳和健身走对 70 岁以上女性静态平衡能力的影响中，把 146 名老年人分为不同的年龄组，然后每个年龄组进一步分为太极拳、健身走和无规律运动组，对比发现体育锻炼可以减缓老年人静态平衡能力的下降速度，且太极拳优于健身走[12]。

乾清华通过分析太极拳练习对老年人步态的影响，探讨了太极拳练习对老年人平衡能力的影响，发现6个月的太极拳练习使老年人行走时足底压力中心在额状轴上的摆动幅度明显减小，进而提升了老年人行走的稳定性[13]。

以上可见大多数研究认为太极拳对人体平衡能力具有积极影响。

健身气功、秧歌、广场舞、柔力球等运动项目在民间广泛传播，是广大中老年人所喜爱的重要运动项目，很多学者在它们对平衡能力的影响方面也进行了相关研究。

马欣等在研究健身气功八段锦对中老年人平衡能力的影响中，选取50名受试者随机分为实验组和对照组进行了为期6个月的实验干预，并采用Sunlight Tetrax平衡测试系统等进行实验前后的平衡能力测试，发现健身气功八段锦锻炼组的稳定性指数和姿势摆动频谱较低，闭眼单脚站立、强化Romberg测试、闭眼原地踏步的时间均较长，平衡木行走时间、起立-行走时间较短，有效提高了中老年人的静动态平衡能力，对预防老年人跌倒具有积极意义[14]。

冯宁等在研究健身秧歌对绝经后中老年女性静态平衡能力的影响中，采用Good Balance平衡测试仪对57名从事健身秧歌锻炼的绝经后女性进行静态平衡能力测试，研究发现绝经后中老年女性进行长期的健身秧歌锻炼，对静态平衡能力具有延缓、保持甚至提高作用[15]。

张永珍等在研究秧歌舞锻炼对中老年女性平衡能力的影响中，选取2年以上进行秧歌舞锻炼的中老年女性32名，无规律锻炼习惯的中老年女性30名，分别进行12周的秧歌舞训练，测试训练前后平衡能力，对比发现长期进行秧歌舞锻炼的中老年女性平衡能力提高得更为明显[16]。

刘建宇等在研究广场舞对绝经后妇女平衡能力的影响中，将40名受试者随机分为两组，分别进行广场舞干预、无运动干预处理，测试实验前与实验后1、3、6个月的单足站立时间、足底压力偏移量等，分析发现广场舞锻炼能够改善其平衡能力，降低跌倒风险[17]。

姚远在研究6个月太极柔力球练习对老年人平衡能力的影响中，将41名受试者随机分为实验组和对照组进行6个月的实验干预，实验组由专人指导进行柔力球练习，对照组不常参与体育锻炼，通过对比实验前后受试者闭目单足站立时间，发现实验组实验后的闭目单足站立时间明显长于实验前和对照组，由此推断太极柔力球练习可以明显改善老年人的静态平衡能力[18]。

还有一些学者在新兴的或特殊的运动形式对平衡能力的影响方面进行了探索，比如振动训练、核心力量训练、悬吊训练、PNF、运动想象疗法、双重任务练习等。

全身振动训练能够触发人体感受器，通过触压觉、本体感觉及前庭觉的输入，进一步引起身体适应性和神经肌肉兴奋性的改变。林长地等在研究长期振动训练对老年女性静动态平衡能力的影响中，采用美国 Power-Plate 振动仪对 13 名 55～65 岁健康老年女性进行 24 周无负重全身振动训练干预，研究发现受试者干预后静动态平衡能力均有提升[19]。

秦洁在研究核心稳定性训练对艺术体操学生平衡能力的影响中，把受试对象分为实验组和对照组，实验组采用 13 周的核心力量训练，对照组进行常规训练。研究发现核心力量训练和常规训练都能够提高学生的静态平衡能力，前者提高的效果更好；核心力量训练能够更快地提高学生的动态平衡能力[20]。

王保奎等在研究核心稳定性训练与步行锻炼对老年女性平衡能力的影响中，将 98 名受试者分为两组，分别进行核心力量训练和步行训练，发现无论是睁眼还是闭眼时，核心力量训练组的闭目单足站立时间均比步行训练组长，核心力量训练对老年女性的平衡能力提升效果更好[21]。

黄若葭等为探索悬吊下进阶式闭链运动训练法对膝关节骨性关节炎(KOA)患者平衡能力的影响，把 40 例中老年 KOA 患者随机分成实验组和对照组两组，实验干预时实验组增加悬吊下进阶式闭链运动训练。悬吊运动疗法(SET)是以持久改善肌肉骨骼疾病为目的，应用主动治疗和训练的一个总的概念集合。它强调在不稳定地面上进行闭链运动，主要目的是达到对感觉器官的最佳诱发效果。悬吊训练能够增强肌力、肌耐力及关节活动度，提高关节的灵活性、协调性及平衡能力。研究发现，实验组健侧和患侧的平衡能力表现均优于对照组，悬吊下进阶式闭链运动训练能够明显改善膝关节骨性关节炎患者的平衡能力，可以提高患者对关节位置的控制及运动感觉能力[22]。

徐洁等为探索 PNF 对中老年女性动态平衡能力的影响，采用了两种动态反转技术干预实验组和对照组的优势腿。研究发现 PNF 动态反转技术能够明显提高中老年女性的本体感觉和下肢的动态平衡能力，屈曲-外展-内旋和伸展-内收-外旋模式比屈曲-内收-外旋和伸展-外展-内旋模式提高效果更好[23]。

杨佳丽等对缺血性脑卒中患者下肢平衡能力进行了运动想象疗法干预，将 50 例脑卒中偏瘫患者随机分为两组，每组各 25 人，治疗组在常规治疗基础上增加运动想象疗法干预，为期 8 周，治疗前后均进行 Berg 评估和步长、步宽、步频、步速评定。运动想象疗法：让患者闭目，在安静状态下聆听“运动想象”录音。指导患者想象自己躺在一个放松的地方，叮嘱其使脚部各个肌群交替放松、紧张，继而双腿、双上肢和双手交替放松、紧张。要求患者逐一体会健侧肢体上、下肢肌群交替收缩、舒张的感受，然后提示患者进行“运动想象”。想象内容着重于改善患者下肢各关节运动功能，具体包括室内行走、上下楼梯、上下坡、室外行走、下肢屈伸运动、床上抬腿、双腿桥式运动、坐下起立迈步训练等。最后让患者注意力重新集中于周围的现实环境，让其体会身体的感觉，安静聆听周围的声音，倒数 10 s 后睁开双眼，结束运动想象疗法。组间对比发现运动想象疗法能够在常规治疗的基础上有效改善脑卒中偏瘫患者的平衡能力[24]。

曹慧芳在研究运动想象疗法对脑卒中患者平衡能力影响的研究中，把 60 名受试者随机分为两组，分别进行常规康复治疗和增加运动想象疗法治疗，干预 6 周，干预前后测试受试者的平衡能力。运动想象疗法通过播放录音指导：运动想象疗法现在开始，请您闭上眼睛，随着这优美的音乐，让心情慢慢平复，让你的身体放松下来。接下来请您随着我的指示做肌肉放松练习。深深地吸一口气，然后用力把气吐出来，体会一下放松的感觉。请绷紧你的双脚脚趾，尽量弯曲，保持紧张，放松；绷紧你的小腿，保持紧张，放松；绷紧你的大腿，保持紧张，放松；绷紧你的臀部，保持紧张，放松；绷紧你的腹部肌肉，保持紧张，放松，体会一下放松的感觉。绷紧你的上身肌肉，肩膀耸起来，使胸部和背部肌肉紧张，保持紧张，放松；请您将手臂放在身体两边，绷紧肩膀，握紧拳头，保持紧张，放松；绷紧面部肌肉，咬紧牙齿，皱起眉头，保持紧张，放松，体会一下放松的感觉。好的，你的身体已全部放松下来，接下来请跟着我的指示，开始运动想象疗法的训练(停顿 10 s)。想象一下你和家人在一间安静舒适的房间，你坐在床上，脚放在地上，家人扶着你站起来，之后他们放开你的手，你在没人搀扶的情况下一个人站立 30 s；然后再坐下来，抬起你的手臂，两只手向前伸，维持 10 s，放下手臂。再重复这段动作：你坐在床上，脚放在地上，家人扶着你站起来，之后他们放开你的手，你在没人搀扶的情况下一个人站立 30 s；然后再坐下来，抬起你的手臂，两只手向前伸，维持 10 s，放下手臂。现在请你再次站起来，一只脚向前伸，双脚保持一前一后的状态，然后两只脚并拢。一条腿抬起来，维持一只脚站着的姿势 10 s，现在原地踏步 30 s，踏步结束之后慢慢坐下来。请重复这段动作，再次请你站起来，一只脚向前伸，双脚保持一前一后的状态，然后两只脚并拢。一条腿抬起来，维持一只脚站着的姿势 10 s，现在原地踏步 30 s，踏步结束之后慢慢坐下来。现在请你再慢慢站起来，站稳后，蹲下去用手捡地上的书，捡到以后站起来，转过身子向后看，再转回来，然后在原地慢慢地转 1 个圈。再重复这段动作，现在请你再慢慢站起来，站稳后，蹲下去用手捡地上的书，捡到以后站起来，转过身子向后看，再转回来，然后在原地慢慢地转 1 个圈，运动想象疗法结束。组间对比发现运动想象疗法能够在常规康复治疗的基础上进一步提高患者的平衡能力[25]。

荣湘江等在研究音乐双重任务对中老年人本体感觉和平衡能力的影响中，

把 55 岁以上的受试者分为两组，分别进行单项任务平衡测试和音乐双重任务平衡测试。单项任务平衡测试指无外界干扰的一般平衡能力测试；音乐双重任务平衡测试指测试全过程受试者必须聆听音乐（如贝多芬的《悲怆》）的平衡能力测试。本体感觉和平衡能力测试均采用奥美公司生产的 Bismarck Super Balance 平衡训练测试仪，测试状态包括双足睁眼、双足闭眼、单足睁眼、单足闭眼四种状态。组间对比发现，音乐干扰对中老年人本体感觉及平衡能力影响不大[26]。这可能是由于所听音乐产生的干扰较小，未超出中老年人的认知负荷，不足以分散中老年人的注意力。若加大认知任务负荷，在一定程度上分散受试者的注意力，可能会对中老年人的平衡能力产生一定的影响。

王秀阳等在对影响老年人平衡能力因素的综述中指出，老年人的平衡能力受年龄、体型、前庭觉、本体感觉、肌力、视觉、药物、牙齿等因素的共同影响[27]。随着年龄增大，机体各器官功能会逐渐减退，感觉迟钝，行动迟缓，反应变慢，尤其是前庭功能会下降，因此平衡功能会逐渐衰弱。但是年龄与平衡能力并非简单的负相关关系，而是复杂的曲线相关关系。当同时进行维持平衡和其他任务时，老年人更容易失衡。体型也会对老年人平衡能力产生影响，肥胖老年人比一般老年人跌倒风险增加 31%。体重对老年人平衡能力产生影响的原因可能有两个：肥胖者较大的体重对足底产生长期较大的压力，足底机械感受器超活化，足底感受器敏感性下降；肥胖使老年人身体质量分布产生变化，尤其是“苹果体型”身体质心前移，重力臂变长，重力距增大，为维持平衡状态，需要提供更大的肌肉力矩，致使平衡能力下降。前庭器官对平衡能力的控制多体现在对身体内在稳定性的调节方面。本体感觉对静动态平衡能力的影响都具有不可或缺性。维持姿势和动作都需要肌肉的协调发力，因此，肌力对维持平衡非常重要，维持平衡的肌力越大，越有利于平衡的维持。很多研究表明核心肌力对平衡能力具有积极影响。视觉对老年人平衡能力的影响非常重要，静止站立状态下，睁眼时下肢的非对称负荷比闭眼时小，说明视觉会影响到老年人下肢的非对称负荷，非对称负荷是老年人平衡能力下降的早期诊断指标。部分药物也会影响到人体的平衡能力，精神类药物、心血管药物、降糖药、非甾体类抗炎药、镇痛剂、多巴胺类药物、抗帕金森病药及复合用药等都可使老人头晕、乏力、共济失调等，进而降低老年人的平衡能力。牙齿的咬合状况和数目也会影响到老年人的平衡能力，可能是由于咀嚼系统的本体感受器影响了头部姿势的稳定。

综上所述，在运动对老年人平衡能力影响方面，运动形式多种多样，各种运动干预的效果也不尽相同，研究对象主要包括一般老年人和存在平衡功能障碍的老年人。

2.1.2 运动对青年人平衡能力的影响研究现状

从生活质量上看，一般青年人平衡能力较好，不会影响到自理能力，因此平衡能力对一般青年人影响不大。从运动形式上看，影响平衡能力的运动具有多样性，主要包括太极拳、健美操、特殊训练方法等。

李旭龙等在探讨太极拳和健美操锻炼对大学生静态平衡能力的影响中，把30名男生分为对照组、健美操干预组、太极拳干预组，分别进行了为期12周的实验干预，研究发现太极拳和健美操练习均能提高人体静态平衡能力，健美操提高本体感觉的效果更好，太极拳提高肌肉力量的效果更好[28]。

孙霞等在探索悬吊训练对排球运动员平衡能力的影响中，将16名排球运动员分为实验组和对照组，分别进行为期9周的运动干预，发现实验组静态平衡能力有明显提高，对照组变化不大。由此可知悬吊训练可以提升排球运动员的静态平衡能力[29]。

徐敏咪在探索普拉提核心力量训练对艺术体操专选生平衡能力影响的研究中，发现普拉提核心力量训练比常规训练更能提高艺术体操专选生的静态平衡能力和自动态平衡能力，而且在干扰力实验中发现，普拉提核心力量训练比常规训练更能够提高外干扰力，提升艺术体操专选生的他动态平衡能力[30]。

谢锋等将30名艺术体操女性运动员分为实验组和对照组两组，实验组增加8周的TRX训练干预，干预前后测试其动态平衡能力，对比分析发现TRX训练能有效提高艺术体操女性运动员的平衡能力[31]。

王新亭等在研究反向行走过程中足底压力对人体步态平衡能力的影响中，采用足底压力侧系统(压力鞋垫)采集了10名青年人正向、反向行走的足底压力数据，发现进行不同速度的正走与倒走时，行走过程中的足底压力有所不同。根据研究报道将足底分为8个区域，分别是第1趾(Great Toe,GT)区，第2～5趾(Lateral Toes,LT)区，第1跖骨(Medial Metatarsal,MM)区，第2、3跖骨(Central Metatarsal,CM)区，第4、5跖骨(Lateral Metatarsal,LM)区，内侧足弓(Medial Arch,MA)区，外侧足弓(Lateral Arch,LA)区与足跟(Heel,HE)区。此外，依据上述8个区域在足部前后方向上的所属范围，将其归纳为前、中、后三大足区。其中，前足区包括第1趾区，第2～5趾区，第1跖骨区，第2、3跖骨区与第4、5跖骨区；中足区包括内侧足弓区和外侧足弓区；后足区即为足跟区。采用美国加州Rancho Los Amigos(RLA)医学中心步态分析方法结合实验所用设备，将步态周期划分为5个时刻点，4个阶段。对于正向行走来说，以右脚足跟着地为起始点，周期划分为右脚足跟着地→左脚脚尖离地→左脚足跟着地→右脚脚尖离地→右脚足跟再次着地。对于反向行走来说，以右脚足跟离地为起始点，周期划分为右脚足跟离地→右脚脚尖着地→左脚足跟离地→左脚脚尖着地→右脚足跟再次离地。正向行走时的足底压力中心从足跟向前脚掌过渡，从足外侧向足内侧过渡。反向行走时的足底压力中心从前脚掌向足跟处过渡，从足内侧向足外侧过渡。足底压力中心的改变对人体在行走过程中保持步态平衡的稳定性具有决定性作用。反向行走比正向行走时的足底压力显著减小，行走过程中的足-地接触时间有所增加。增大足底压力及足-地接触时间对反向行走时保持步态稳定性有显著性作用。从足底压力分布、足-地接触时间等角度研究反向行走步态特征，有助于全面理解人体动态平衡机制[32]。

综上所述，对青年人平衡能力运动干预方面的研究，对象主要是对平衡能力要求比较高的相关项目的运动员，在对一般青年人的研究中，主要集中在常规运动项目的影响上。

2.1.3　运动对少年儿童平衡能力的影响研究现状

少年儿童是平衡能力发展的重要时期，良好的平衡能力有利于少年儿童建立良好的垂直感，有利于对运动技术和动作的学习。

马俊杰在研究体操练习对学前儿童平衡能力发展的影响中，从幼儿体操俱乐部中选取练习幼儿体操 3 个月至 2 年的 31 名儿童作为实验组，在普通学生中选取 35 名儿童作为对照组，对比发现视觉对儿童的静态平衡能力影响较大，闭眼时两组儿童的静态平衡能力差异不显著[33]。

庞尔江在研究 18 周跆拳道训练对学龄正常儿童和肥胖儿童静动态平衡能力的影响中，对 15 名正常儿童和 15 名肥胖儿童进行了静动态平衡能力测试和对比分析，研究发现 18 周跆拳道训练能够提高正常儿童和肥胖儿童双足睁眼站立时的静态平衡能力，对正常儿童提高的效果更显著，两个组的动态平衡能力都有提高[34]。

刘钟钖对 3 个月轮滑练习前后学龄前儿童的平衡能力进行了研究，对比发现，3 个月的轮滑练习可以明显改善学龄前儿童的平衡姿势和行走形态[35]。

王佳丽等在研究前滚翻和拍球锻炼对学龄前儿童静态平衡能力的影响中，将 68 名幼儿园中班学生分为两组，分别进行 8 周的前滚翻和拍球锻炼干预，干预前后采用 Footscan 平衡仪测试系统进行平衡能力测试，对比发现前滚翻和拍球锻炼均能提高儿童静态平衡能力，前滚翻比拍球提高的效果更好[36]。

姜桂萍等在研究韵律性身体活动对 3～6 岁幼儿静态平衡能力的影响中，将 60 名幼儿随机分为两组，分别进行动作发展视角下的韵律性身体活动和一般性的韵律性身体活动，干预时间为 1 年，干预前后采用 Tekscan 足底压力测试系统测试受试者的静态平衡能力，研究发现幼儿的静态平衡能力随年龄增加有所提高，动作发展视角下的韵律性身体活动提高幼儿静态平衡能力的效果更加明显[37]。

米思奇在研究太极拳锻炼对10～11岁儿童平衡能力的影响中，将48名儿童分为两组，分别进行太极拳练习干预和无运动干预，并采用Biodex平衡仪测试12周干预前后的静动态平衡能力，研究发现儿童进行12周的太极拳练习能够使闭眼站立时的身体晃动指数降低42.3%，使海绵垫闭眼站立时的身体晃动指数减少33.4%，使极限稳定平衡测试中的时间降低[38]。

杨银龙在研究拓展游乐架对7～10岁儿童平衡能力的影响中，将80名儿童分为两组进行12周的实验干预，在干预前后测试儿童的平衡能力，结果发现拓展训练游乐架上的项目对儿童的静动态平衡能力有显著提高[39]。

李翠等在研究少年儿童跖屈肌群力量耐力对平衡能力的影响中，采用单脚站立提踵方法评价120名13～15岁健康学生跖屈肌群力量耐力，并分为耐力好与坏两组，对比发现跖屈肌群力量耐力小者平衡能力相对较弱[40]。

李伟艳等对20名9～13岁中度智力障碍儿童进行了12周的核心力量锻炼，发现核心力量训练对低年级智力障碍儿童的前庭稳定性有较强的敏感性[41]。

戴昕等在探讨感觉综合训练对自闭症儿童平衡能力的影响中，对22名5～8岁自闭症儿童进行了实验干预和静动态平衡能力测试，研究发现感觉综合训练可以有效提高自闭症儿童的单足站立时间，缩短平衡木的行走时间，有效改善其静动态平衡能力[42]。

综上所述，目前学者对儿童平衡能力的运动干预效果的研究主要集中在两个群体：一般儿童和特殊儿童，对一般儿童的研究主要集中在儿童喜欢的运动项目对平衡能力的影响上，对特殊儿童的研究集中在平衡障碍儿童的运动干预上。

2.2 疾病对人体平衡能力的影响研究现状

付奕等在研究感觉系统障碍对脑卒中偏瘫患者平衡能力的影响中，选择20名脑卒中偏瘫患者和20名正常人采用动态姿势平衡仪系统进行平衡能力测试，发现前者的平衡指数、本体觉、视觉、前庭觉分数都低于后者，因此判断脑卒中偏瘫使患者三大感觉系统对平衡的调节能力降低，导致平衡功能障碍[43]。

王晓玲等在研究膝骨关节炎(KOA)对患者平衡能力的影响中，采用Pro-

Kin254P型平衡测试系统对50名KOA患者进行睁眼、闭眼静态平衡能力测试,对比发现KOA患者的静态平衡能力对视觉的依赖性较大[44]。

陈丽榕等在研究膝骨关节炎对老年人平衡能力的影响中,设立了健康志愿者、单KOA患者、双KOA患者三个组,分别进行位置觉测试、闭眼单足站立测试,发现几组受试者的位置觉差异不大,但是双KOA患者闭眼单足站立的时间比健康志愿者短,说明KOA降低了患者的静态平衡能力[45]。

袁明珠在研究肥胖对青年人群平衡能力的影响时,选取了肥胖与正常两组大学生分别测试其静动态平衡能力,对比发现肥胖使青年人的静动态平衡能力降低,体重越大,平衡能力越差,相同肥胖程度时,青年男子动态平衡能力优于青年女子[46]。

综上所述,对人体平衡能力影响较大的疾病多是与平衡功能障碍或下肢稳定性有关的疾病。由于很多疾病对平衡功能的影响非常明显,甚至肉眼可明显觉察,因此相关研究成果并不是很多。

2.3　药物对人体平衡能力的影响研究现状

赵琰等在研究仙龙胶囊对血管性痴呆患者平衡能力的影响中,采用单盲方法,将患者随机分为两组,分别进行仙龙胶囊和喜得镇治疗,研究发现仙龙胶囊可以提高血管性痴呆患者的平衡能力[47]。

张莉在钙剂与活性维生素D对老年骨质疏松患者平衡能力的影响研究中,在治疗前及治疗后6个月和12个月分别测试了86名老年骨质疏松症患者的骨密度、平衡能力、骨痛程度、跌倒次数等,分析发现口服钙剂与活性维生素D可有效改善老年骨质疏松症患者的骨密度和平衡能力,减少跌倒次数[48]。

谢国旗等在研究清脑片对小鼠转轮及转棒平衡能力的影响中,将小鼠随机分为5组:模型组,晕痛定组以及大、中、小剂量清脑片组。研究发现大剂量清脑片可延长小鼠最长停留时间及3次停留时间总和,对小鼠有平衡能力改善作用和抗平衡失调作用[49]。

王淑丽[50]、周丽珍[51]在研究复方仙贞汤对绝经后骨质疏松妇女的平衡能力的影响中,把受试者分为4组同时进行不同的干预:复方仙贞汤+运动组、仙灵骨葆+运动组、金尔力+运动组、单纯运动组,测试干预6个月前后受试者的平衡能力,对比发现仅复方仙贞汤+运动组的起立-行走测验和强化Romberg试验结果有良好改善,说明复方仙贞汤+运动可以有效改善绝经后骨质疏松妇女的平衡能力。

综上所述,在药物对平衡能力的影响方面,多是观察药物对平衡能力影响结果的研究,缺乏药物对平衡功能影响机制的研究。

2.4 其他因素对人体平衡能力的影响研究现状

吴金龙等在研究不同类型踝关节护具对功能性踝关节不稳者(FAI)静态平衡能力的影响中指出,佩戴弹性护具和半刚性护具都不影响 FAI 者的单脚静态平衡能力,在运动训练和比赛中 FAI 者可以通过佩戴护具预防踝关节损伤。佩戴半刚性护具时,COP 左右方向的平均摆幅比佩戴弹性护具时小,佩戴半刚性护具对踝关节具有更好的保护作用[52]。

陈梅在研究肌电生物反馈对脑卒中早期患者下肢平衡能力的影响中,将 50 名脑卒中早期患者随机分为两组,对照组采用常规治疗,实验组增加肌电生物反馈治疗,研究发现 4 周后肌电生物反馈刺激治疗组的平衡能力明显比对照组强[53]。

付奕在研究加强干扰本体觉和视觉训练对脑卒中偏瘫患者平衡及步行能力的影响中,将 32 名患者随机分为两组,实验组采用平衡仪对患者进行干扰本体觉和视觉的训练,对照组采用常规的平衡能力训练。干预前、干预 2 周后研究者对受试者分别进行步走测试和 Berg 平衡量表测试,分析发现干扰本体觉和视觉的训练提高了患者的步长、步速以及 Berg 平衡量表得分,对脑卒中偏瘫患者的平衡能力和步行能力具有改善作用[54]。

李珊在研究认知任务对脑卒中偏瘫患者立位平衡能力的影响中,对 20 名患者分别进行无认知任务和有认知任务情况下的立位平衡能力测定,结果发现增加认知任务之后,脑卒中偏瘫患者的重心移动轨迹的外周面积、矩形面积显著降低,说明增加认知任务可以提高脑卒中偏瘫患者的立位平衡能力。研究者认为增加了认知任务后,受试者会将一大部分注意力应用到认知任务的完成中去,减少了受试者应用在维持姿势稳定上的注意力,而使精神上得到放松,反而获得更稳定的平衡[55]。

李晏龙等在探索头部控制能力对正常人体平衡能力的影响时,发现颈部固定情况下的平衡能力与未固定时差异不显著,由此指出颈前庭反射对正常身体维持平衡没有影响[56]。

闫红光在研究穿鞋对人体平衡能力的影响中,发现穿鞋时的重心波动范围、波动速度等指标大于不穿鞋时，由此指出穿鞋对平衡能力的维持不利[57]。

唐松涛在研究老年 2 型糖尿病患者平衡能力的影响因素时，对长期患 2 型糖尿病的老年人和非糖尿病老年人进行了平衡能力、足部振动觉、压力觉、温度觉、踝肱比、腰臀比、体脂百分比和肌肉力量测试，发现振动觉、压力觉是老年 2 型糖尿病患者平衡能力的独立影响因素[58]。

田霞在研究膝关节屈伸肌力对平衡能力的影响中发现，膝关节屈肌训练可以增加屈伸肌力和屈伸肌力比，增强静态平衡能力；但是膝关节伸肌训练只增加伸肌力量而不增加屈肌力量，降低了屈伸肌力比，降低了静态平衡能力[59]。

综上所述，人体平衡能力的影响因素较多，而且多个因素可能还会产生协同影响作用。目前对人体平衡能力的研究，大多停留在平衡能力的结果表现上，缺乏对平衡能力影响机制的研究。

第 3 章　人体平衡能力的测量与评定方法

不同类型人群的平衡能力特点不同，在探索人体平衡能力的测量与评定方法时，要考虑人群的类型。对于儿童、老年人、孕妇、平衡障碍等人群而言，人体平衡能力评定可以为预防其跌倒提供科学依据；对于正常成人而言，平衡能力是反映人体生理机能状况的重要指标之一；对于平衡能力要求较高的运动项目而言，平衡能力是体现运动员专项素质的一项重要指标。人体平衡能力的测量方法主要包括观察法、量表测评法、实验测试法三类。

3.1　观　察　法

3.1.1　闭目直立检查法（Romberg's Test，RT）

受试者闭目直立，双脚并拢，两手臂下垂、侧平举或两手互扣于胸前，维持 30 s。若有前庭功能障碍，将向患侧偏倒，转动头部时，偏倒方向也随之改变。若小脑有病变，将向患侧或后方偏倒，头部转动时不会引起偏倒方向的改变。此方法仅适合前庭功能障碍的患者，不适合正常人[60,61]。

3.1.2　强化 Romberg 检查法（Strengthening Romberg's Test，SRT）

受试者采用两足一前一后、足尖接足跟直立的姿式，记录维持此种站立姿势稳定性的时间、睁闭眼时身体的摆动[62-64]。

3.1.3　单腿直立检查法（One Leg Stand Test，OLST）

受试者单脚站立，双手叉腰，观察睁眼、闭眼时保持平衡的时间。时间越长，表明平衡能力越好[65]。

3.1.4　过指试验(Past Pointing Test,PPT)

过指试验又称为错指物位试验。受试者与检查者相对而坐,对侧上肢前平举,食指伸出,指尖相互接触,其他四指握拳。受试者抬高上肢,然后恢复水平位,使食指尖与检查者相对。连续偏斜 3 次为异常。也可加大测试难度,第一次指尖相对后,使受试者闭眼检查,若闭眼时有偏斜则为异常[66]。正常人无过指现象。前庭功能障碍过指的特点是食指偏向前庭功能较弱侧。小脑病变过指的特点是患侧食指向患侧偏斜。

观察法评价人体平衡能力的应用情况见表 3.1。

表 3.1　观察法评价人体平衡能力一览表

观察法	评价方法
闭目直立检查法	观察偏倒方向
强化 Romberg 检查法	观察睁眼、闭眼时身体的晃动
单腿直立检查法	观察睁眼、闭眼时单脚站立的稳定性
过指试验	观察受试者与测试者的指尖相对情况

3.2　量表测评法

3.2.1　Berg 平衡量表(Berg Balance Scale,BBS)

BBS 是加拿大流行病学专家 Katherine Berg 在 1989 年首先报道的,国内外学者经过大量的信度和效度的研究后,对 BBS 予以了充分的肯定。瓮长水等[67]对 BBS 在中国人群中的应用进行测试,证明其科隆巴赫 α 信度系数为 0.864,折半信度系数为 0.915。国外文献证明它的内部一致性信度系数为 0.74[68],敏感度为 0.825,特异性为 0.93[69]。

BBS 主要是检测本体感觉输入对平衡能力和协调性的影响,许多其他平衡量表是在此基础上的引申和发展。BBS 主要应用于具有平衡功能障碍的患者和老年人群。测试工具为一块秒表、一根软尺、一个台阶和两把高度适中的椅子,应用非常简便。量表包括 14 个条目:由坐位到站位、持续无支持站立、持续无支持坐位、由站到坐动作、床椅转移、闭眼无支持持续站立、无支持双足并拢持续站立、站立位上肢前伸距离、站立位从地上取物、转身向后看动作、身体原地旋转一周、持续无支持双足交替踏台阶、双足前后持续站立、单腿持续站立。每个条目得分为0～4分共5个等级分数，每个等级均对应有详细的评分方法，总分为56分，评分越低，平衡功能障碍越严重。得分为0～20分、21～40分、41～56分，对应的平衡能力分别代表坐轮椅、辅助步行和独立行走3种活动状态；总分少于40分，预示有跌倒的危险。BBS测试记录表见附表1。

3.2.2 Tinetti步态和平衡量表(Tinetti Gait and Balance Scale，TGBS)

Tinetti量表由Tinetti于1986年首先提出。此量表包括平衡和步态测试两部分，满分为28分。其中步态评测表是为评测老年人的步行质量而设计的，共有8个项目，分别为步行的启动、步幅、摆动足高度、对称性、连续性、步行路径、躯干晃动情况和支撑相双足水平距离，根据患者实际的步行状况评分，满分为12分；平衡测试部分共有9个项目，主要包括站位平衡、坐位平衡、立位平衡、转立平衡、轻推反应等，测试一般需要15 min，满分为16分。如得分少于24分，表示有平衡功能障碍；如少于15分，表示有跌倒的危险[70]。该量表可用于探测平衡能力障碍患者的行动能力，定量评估其严重程度，辨识出步态或平衡项目中最受影响的部分，据此结果拟定治疗计划；也可对老年人的平衡能力进行评估，预测老年人的跌倒风险。Tinetti步态和平衡测试记录表见附表2。

3.2.3 活动平衡信心量表(Activities-specific Balance Confidence Scale，ABC)

ABC量表是一份平衡自信量表，主要评价完成量表条目要求并保持平衡的信心。该量表共包括16个条目，每个条目分11个等级，每10分为一个等级，评分范围为0～100分，评分后再计算均分。这16个条目分别为：在房间里散步，上下楼梯，弯腰从地上捡起一双鞋子，从与自己一样高的架子上拿东西，踮起脚从比自己高的地方拿东西，站在凳子上拿东西，扫地，外出搭乘出租车，上下公交车，穿过停车场去商场，走上或走下较短的斜坡，一个人到拥挤的商场(周围的人走得很快)，在拥挤的商场里被人撞了一下，拉住扶手上下自动扶梯，手拿东西时不能握住扶手上下自动扶梯，在结冰的路面上行走。管强等对ABC量表的研究表明，ABC量表的重测信度为0.98，评估者信度为0.9，科隆巴赫α信度系数为0.9，并具有良好的结构效度和区分效度[71]。ABC在帕金森病患者中存在天花板效应。ABC测试记录表见附表3。

3.2.4　Brunel 平衡量表(Brunel Balance Assessment,BBA)

BBA 是专门评估脑卒中患者平衡能力的量表[72]。它共包括 3 大领域(由易到难分别为坐位平衡、站位平衡、行走功能),12 个项目。每个项目给受试者 3 次通过机会,评分包括两个级别:不能通过为 0 分,能通过为 1 分,满分为 12 分。评估时,由受试者对 12 个项目的难易程度进行主观判断,受试者由易到难逐个通过每一个项目,直到不能通过某一条目时,评估结束。肖灵君等对 BBA 的信度和效度进行了研究,发现 BBA 的评估者间信度为 0.969,重测信度为 0.954,同质性信度为 0.849~0.952[74];因子分析表明,BBA 结构效度、内容效度、校标效度良好[75]。BBA 测试记录表见附表 4。

3.2.5　动态步态指数(Dynamic Gait Index,DGI)

DGI 主要用于评价 60 岁以上的老年人的步态稳定性和跌倒风险[2]。它包括 8 个项目:基本步态、步速改变、步行中水平转头、步行中上下转头、步行中转身、步行中跨越障碍、步行中绕过障碍、上下台阶等。每个项目得分为 0~3 分共 4 个等级分数,满分为 24 分,分数越高表示平衡能力越好。但是,其测试项目普遍较为简单,也存在天花板效应。一般认为,DGI 低于 19 分提示有高跌倒风险。Wrisley 等的研究表明,DGI 在前庭功能障碍患者测试中的信度系数为 0.95[73]。DGI 测试记录表见附表 5。

3.2.6　功能性步态评价(Functional Gait Assessment,FGA)

FGA 是 DGI 的改良,目的是消除 DGI 可能存在的天花板效应。它包括 10 个项目,分别为:水平地面步行、改变步行速度、步行时水平方向转头、步行时垂直转头、步行和转身站住、步行时跨过障碍物、狭窄支撑面步行、闭眼行走、向后退、上下台阶等,其中 7 个项目来源于 DGI。每个项目得分为 0~3 分共 4 个等级分数,满分为 30 分,分数越高,表示平衡能力越好。其评价方法根据不同的人群具有不同的标准。对于社区居民,低于 20 分提示具有较高的跌倒风险;对于帕金森患者,低于 15 分提示具有较高的跌倒风险[76]。至今并未见到 FGA 出现过天花板效应。FGA 测试记录表见附表 6。

3.2.7　计时起立-行走测验(Timed Up and Go Test,TUGT)

TUGT 测试患者坐在椅子上,听到施测者口令后站起,直线向前走 3 m,然后转身走回在椅子上坐下所用的时间。要求患者坐在椅子上时背部要靠住椅背,双手放在扶手上。正式测试前可以让受试者练习 1~2 次。TUGT 所需工具为一把座高约为 46 cm、有靠背、扶手约为 20 cm 的椅子和一块秒表。测试简单易行，已经在国内外平衡评定中大量应用[77,78]。在 Wrisley 的研究中，TUGT≥12.3 s 为跌倒预测点[79]。

3.2.8 Fugl-Meyer 平衡量表(Fugl-Meyer Balance Scale, FMBS)

此量表主要用于评定偏瘫患者的平衡能力。它主要采用无支撑坐位、健侧展翅反应、患侧展翅反应、支撑站立、无支撑站立、健侧站立、患侧站立等 7 个动作来评价有平衡功能障碍者的平衡能力。每个动作得分为 0～2 分共 3 个等级分数，总分为 14 分，分数越高，表示平衡能力越好[80]。Fugl-Meyer 平衡量表测试记录表见附表 7。

3.2.9 Lindmark 平衡量表(Lindmark Balance Scale, LBS)

主要根据完成动作的情况打分，分为 0～3 分共 4 个等级分数。主要动作包括自己坐、保护性反应、在帮助下站、独自站立、单脚站立(左脚、右脚)等 6 项测试。总分为 18 分，分数越高表示平衡能力越好[81]。Lindmark 平衡量表测试记录表见附表 8。

量表测评法评价人体平衡能力的应用情况见表 3.2。

表 3.2　量表测评法评价人体平衡能力一览表

量表测评方法	评价方法
Berg 平衡量表	14 个动作完成得分。评分越低，平衡功能障碍越严重。得分为 0～20 分、21～40 分、41～56 分，对应的平衡能力分别代表坐轮椅、辅助步行和独立行走
Tinetti 步态和平衡量表	步态与平衡 18 个项目测试得分。少于 24 分，表示有平衡功能障碍；少于 15 分，表示有跌倒的危险
活动平衡信心量表	完成保持平衡信心的 16 项活动的得分。分数越高表示平衡能力越好
动态步态指数	评价老年人的步态稳定性和跌倒风险。包括 8 个测试项目，分数越高表示平衡能力越好。低于 19 分提示有高跌倒风险
功能性步态评价	动态步态指数的改良，共 10 个测试项目，分数越高表示平衡能力越好
计时起立-行走测验	时间越长，跌倒风险越高
Fugl-Meyer 平衡量表	完成 7 项测试的得分。分数越高表示平衡能力越好

续表

量表测评方法	评价方法
Lindmark 平衡量表	完成 6 项测试的得分。分数越高表示平衡能力越好
Brunel 平衡量表	评估脑卒中患者平衡能力，分 12 个条目，分数越高表示平衡能力越好

3.3　实验测试法

3.3.1　人体静态平衡能力测量与评定方法

人体静态平衡能力指人体处于某种特定姿势下保持稳定状态的能力。其测评方法主要包括闭眼单脚站立测试、踏木测试、Wolfson 姿势性应力试验、静态平衡能力测试仪测试等。

3.3.1.1　闭眼单脚站立测试(Stork Stand Test)

受试者闭眼站立，双手叉于腰间，听到“开始”口令后，抬非优势脚使脚底固定于优势脚内踝部位(图 3.1)。记录保持此姿势的时间，时间越长，表明静态平衡能力越好。一般认为 60 s 以上为良好，30～60 s 为一般，30 s 以下为差。对于平衡能力较好的人群，比如太极拳运动员而言，闭眼单脚站立测试易产生天花板效应[82,83]。因此，可以加大动作难度，采用闭眼单脚站立成鹰姿测试(图 3.2)。具体方法是，受试者闭眼单脚站立，两臂侧平举，躯干前屈，同时非支撑腿后伸，躯干和非支撑腿与地面平行时开始计时，平衡被打破时测试结束。60 岁以上的老人可以采用睁眼双脚或单脚站立测试。保持平衡的时间越长，表明平衡能力越好。

3.3.1.2　踏木测试(Treadle Test)

受试者单脚或双脚前脚掌踏在木板上，双手叉腰或交叉握于体前，测试维持身体平衡的时间[84](图 3.3)。根据测试对象的不同，可以选择闭眼或睁眼。包括双脚睁眼、双脚闭眼、单脚睁眼、单脚闭眼四种测试方案，难度依次增加。适合于评估青少年或运动员的静态平衡能力。

图 3.1 闭眼单脚站立测试示意图

前面　　　　侧面

图 3.2 闭眼单脚站立成鹰姿测试示意图

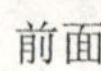

前面　　　　侧面

图 3.3 踏木测试示意图

3.3.1.3　Wolfson 姿势性应力试验(Wolfson Postural Stress Test)

受试者双脚开立与肩同宽,腰部系一条皮带,在皮带上连接一条绳子,要求绳子经过一滑轮与一个加重设备相接,通过加重装置的重量增减向受试者后方腰部分别施以体重的 1.5%、3%、4%的重量,采用计分方法评定受试者保持静态直立位的能力。由于测试时需要固定滑轮,选定配重,不太容易实施,后人对其进行了改良。改良 Wolfson 测试要求受试者保持站立姿势不变,腰部皮带上挂握力计或力传感器(图 3.4)。测试者分别从前、后、左、右四个方向牵拉受试者,当受试者不能保持平衡时停止牵拉。握力计读数或力传感器测试的最大力值可作为受试者抗干扰指数[85],应力越大,平衡能力越好。

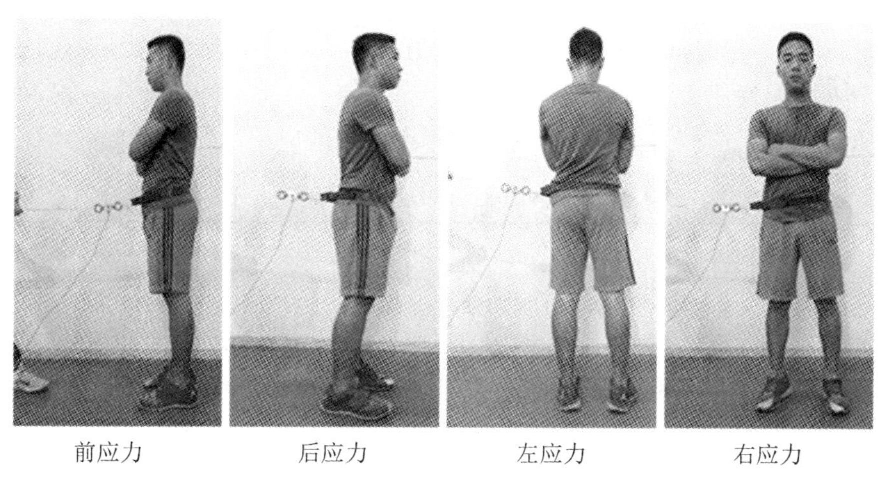

前应力　　后应力　　左应力　　右应力

图 3.4　改良 Wolfson 姿势性应力试验示意图

3.3.1.4　静态平衡能力测试仪测试(Static Balancing Capability Tester)

一般的静态平衡能力测试是根据受试者维持某种站立姿势的最大时间长短评价平衡能力的好与差的。这种测评方法简便易行,但是评估内容较为单一,信度和效度一般不是很高。在科学研究中,目前常采用静态平衡能力测试仪测试。目前的静态平衡能力测试仪(如中国科学院研发的 IIM-BAL-100 静态平衡能力测试仪)多是根据人体站立时足底压力中心(COP)的变化评估人体静态平衡能力的。人体静止站立时压力中心在不断晃动,这种晃动被称为生理性姿势动摇[86-88]。动摇幅度和速度越大说明静态平衡能力越差。因此可采用压力中心的相关指标反映人体静态平衡能力状况。可以通过包络面积、轨迹长、单位面积轨迹长对老年人静态平衡能力进行综合性评价，包络面积、轨迹长、单位面积轨迹长被称作综合性静态平衡能力指标。包络面积和轨迹长越大，说明人体动摇幅度和速度越大，平衡能力越差[89,90]。单位面积轨迹长可以反映人体姿势的细微调节及脊髓对姿势的固有反射性调节能力[91]，即姿势调节和全身姿势张力调节[92]，其值越大，说明静态平衡精细调控能力越强[93]。X方向、Y方向、综合动摇角度分别用于评价X方向、Y方向、总体静态平衡控制能力，其值越小，静态平衡控制能力越好。左前、左后、右前、右后的动摇速度分别用于评价老年人在四个方向上的静态平衡控制能力，其值越小，静态平衡控制能力越好。

静态平衡能力测试仪都有一个测试平台用于采集足底压力中心，多是采用静态姿势图的原理来工作的。测试时要求受试者以不同的姿势站立在测试平台上，并维持一定时间。采集压力中心的方法主要是采用三维测力平台，也有采用分布式足底压力测试系统的。

人体静态平衡能力测试法评价人体平衡能力的应用情况见表3.3。

表3.3 人体静态平衡能力测试法应用一览表

静态测评法	评价方法	适应人群
闭眼单脚站立测试	闭眼单脚站立的时间越长，平衡能力越好。加大测试难度可改为闭眼单脚站立成鹰姿测试	前者适应于一般健康人群、平衡功能障碍者；后者适应于健康成年人或运动员
踏木测试	踏木保持平衡的时间越长，平衡能力越好	一般健康成年人、运动员
静态平衡能力测试仪测试	以一定姿势站立时的足底压力中心变化，变化幅度和速度越大，静态平衡能力越差	一般健康成年人、运动员

注：① 一般健康人群指无平衡功能障碍的3岁以上人群。

② 运动员指从事对平衡能力要求较高的运动项目的运动员，如太极拳、平衡木等。下同。

3.3.2 人体动态平衡能力测量与评定方法

人体动态平衡能力指人体在运动状态下，对重心和姿势的调整和控制能力。其测量与评定方法主要包括功能性前伸试验、平衡木行走测试、闭眼原地踏步测试、闭眼10米行走测试、8点星形偏移平衡测试、稳定极限测试、垂直X书写测试、巴宾斯基-魏尔二氏试验、视觉反馈姿势描记、动态平衡测试系统等。

3.3.2.1　功能性前伸试验(Functional Reach Test,FRT)

测试者站立时尽量向前伸展手臂,记录躯体保持平衡时手臂向前可伸展的最远距离用于评价自动态平衡能力,该方法最早用于预测老年人跌倒的发生。由于 VRT 仅测试手臂前伸最远距离,评价较为片面,因此,后人对其进行了改良,增加了向后、左、右方向的伸展,形成了应用较为普遍的多向伸及试验(图 3.5)。测试方法为:测试者双脚穿平底鞋,靠墙边站立,墙上与肩同高处放置一带有刻度的标尺。首先,保持身体矢状面与墙面平行站立,脚内侧缘相距 10 cm,手臂前平举,记下指尖的标尺位置(O),然后要求测试者体前屈,并尽量向前伸手臂,当达到平衡临界点时,检查者记下指尖对应的标尺位置(A),OA 的水平距离即是向前伸的最远距离。同样的站立姿势,前伸手臂,体背伸,获得向后伸的最远距离。然后,保持身体矢状面与墙面垂直站立,手臂向左、右侧平举,体侧屈获得向左、右伸展的最远距离,要求双脚不得离开地面或移动。前、后、左、右四个方向的测试均进行 3 次,取平均值作为某一方向上伸展的最远距离。评价自动态平衡能力时,以获得的前、后、左、右 4 个方向上伸展的最远距离的平均值作为分析参数[94],平均值越大,平衡能力越好。

3.3.2.2　平衡木行走测试(Balance Beam Test,BBT)

受试者在平衡木上正常行走时,记录从设定的起点到终点的时间,或在平衡木上往返的时间。时间越短,动态平衡能力越好。一般平衡木的大小为高 30 cm,宽 10 cm,长 10 m[95,96]。

3.3.2.3　闭眼原地踏步测试(Closed Circles Test,CCT)

一般使用的测试方法有两种,第一种是受试者闭眼并脚站立于 1 个半径为 40 cm 的圆圈内,以每分钟 120 步的频率踏步,要求踏步高度与支撑脚踝关节等高,记录其中一只脚踏出圆圈的时间,时间越长,动态平衡能力越好(图3.6);第二种是受试者闭眼并脚站立,记录两脚跟中点的位置,然后以每分钟 120 步的频率踏步 1 min,要求踏步高度与支撑脚踝关节等高,踏步停止后再次记录两脚跟中点的位置,把两次记录脚跟中点位置偏移的角度和距离作为评价动态平衡能力的指标[95,96]。

3.3.2.4　闭眼 10 米行走测试(Closed 10 m Walking Test,CWT-10)

在平整的地面上画一条 10 m 长的直线,一端作为起点,另一端作为终点,受试者在闭眼情况下根据测试者口令从起点开始正常行走,到终点后根据测试

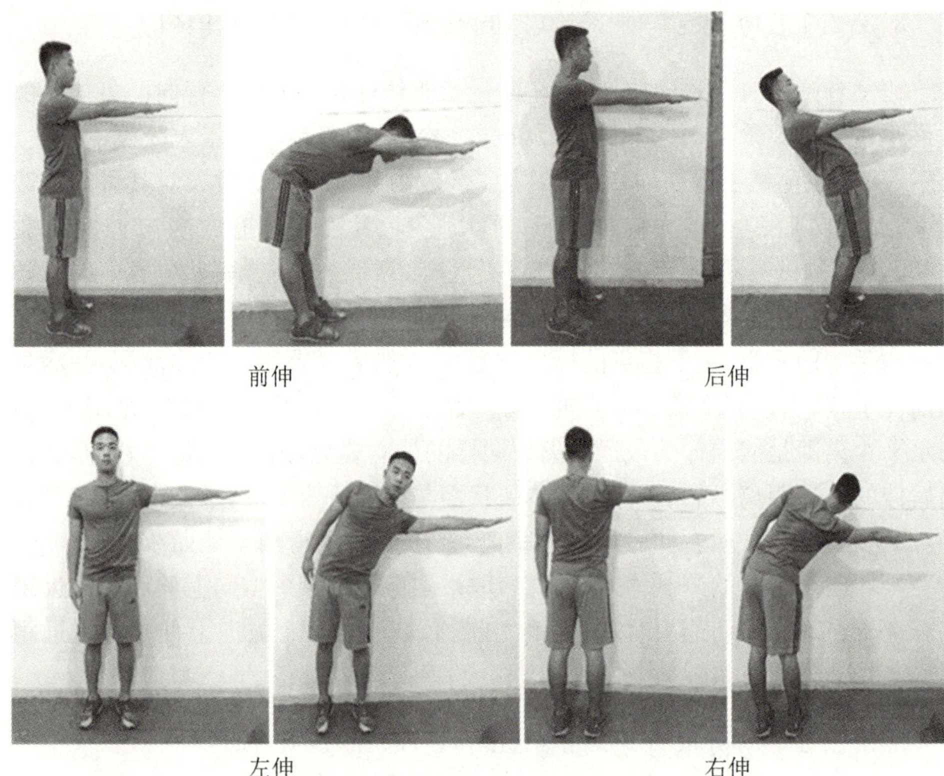

图 3.5 多向伸及试验测试示意图

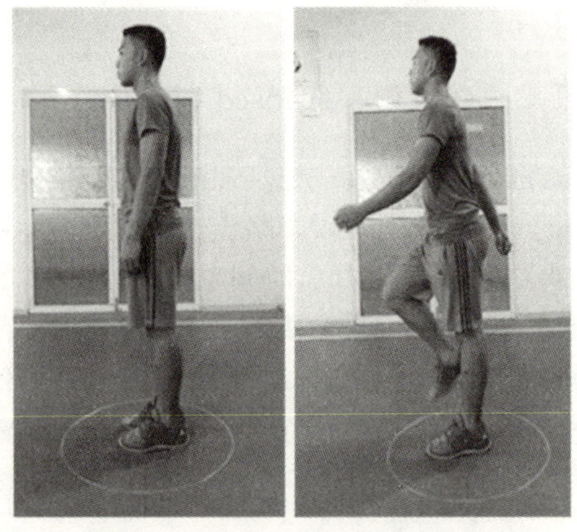

图 3.6 闭眼原地踏步测试示意图

者口令停止并原地站立，测量受试者两脚跟中间点与直线的垂直距离（偏离距离），距离越大，动态平衡能力越差（图 3.7）。

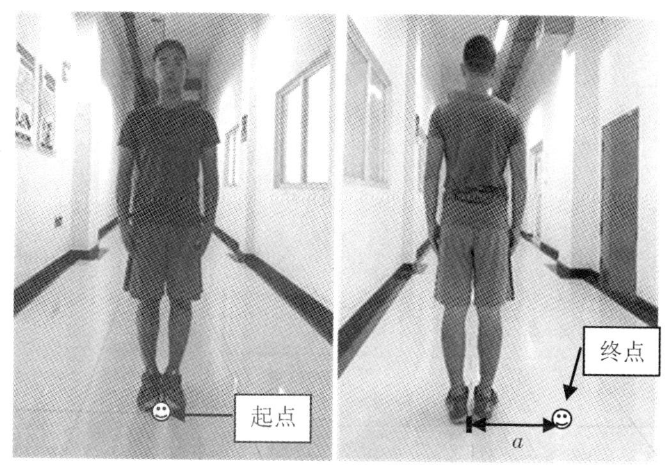

起点站立　　至终点后并脚站立

图 3.7　闭眼 10 米行走测试示意图

注：a 为偏离距离

3.3.2.5　8 点星形偏移平衡测试（Star Excursion Balance Tests，SEBT）

SEBT 指受试者在单腿支撑、保持身体平衡的情况下，双手叉腰，非支撑腿分别向前、右前、右、右后、后、左后、左、左前等 8 个方向上伸展的最远距离，每次伸远后非支撑腿要收回与支撑腿并起再进行下一次伸远（图 3.8）。伸远距离平均值与下肢长的比值可作为评价动态平衡能力的指标[97]。为降低练习效应，在正式测试前可进行 4 次练习[97,98]。

3.3.2.6　稳定极限测试（Limit of Stability Test，LOST）

LOST 指双足自然分开，直立于平整、坚实的地面上，在身体伸直且能够保持平衡的基础上尽量倾斜，测量与垂直线形成的最大角度（图 3.9）。可采用图像解析法测量身体的倾斜角度。正常人 LOST 前后的最大倾斜角度为 12.5°，左右为 16°[99]。

3.3.2.7　垂直 X 书写测试（Vertical X Writing Test，VXWT）

首先睁眼写一个字母“X”，然后闭眼在原来的位置重复 5 次写此字母。把 5 次测试中“X”偏离角度的平均值和中心偏离距离均值作为检测值（图 3.10）。偏离角度或距离越大，平衡能力越差[100,101]。

图 3.8 星形偏移平衡测试示意图

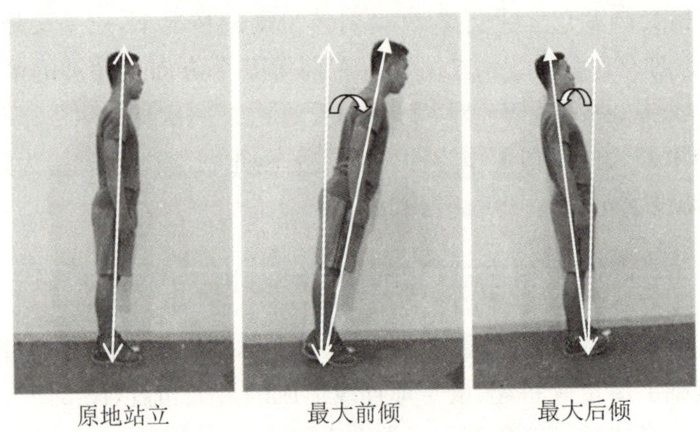

图 3.9 前后稳定极限测试示意图

3.3.2.8 巴宾斯基-魏尔二氏试验(Babinski-Weyl Two's Test,BWTT)

受试者闭目由起始点先向前走 5 步,再向后退 5 步,反复 5 次。观察最后一次前行的方向(标记最后一次起点与终点)与起始方向之间的偏斜角度大小,以此判断两侧前庭功能状况。若向右偏斜角度大于 90°,则为右侧前庭功能较弱;若向左偏斜角度大于 90°,则为左侧前庭功能较弱[95]。

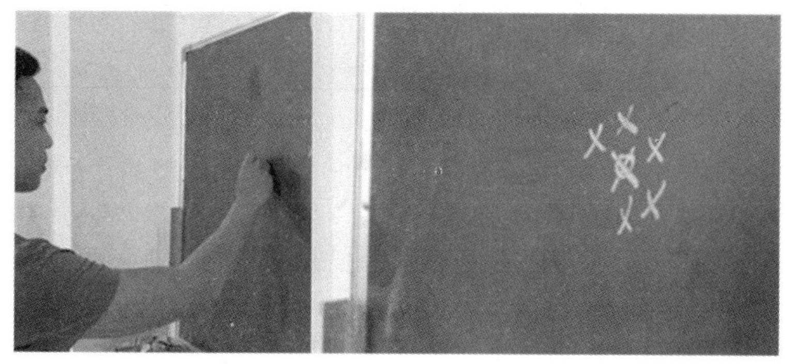

睁眼书写姿势　　书写结果

图3.10　垂直X书写测试示意图

注：画"O"的"X"为睁眼时书写的"X"，其余为闭眼时书写的"X"

3.3.2.9　视觉反馈姿势描记(Visual Feedback Posturography，VFP)

VFP测试原理是通过压力平板记录人体直立时足底压力中心的变化，进而反映人体姿势的稳定性。在VFP测试中，受试者通过观察和控制自己的重心在显示屏的移动，得出重心移动相关参数，用于评价人体的自动态平衡能力。以某仪器为例，测试过程如下：测试前首先要设定向前、右前、右、右后、后、左后、左、左前8个方向的稳定极限值，然后设定8个方向上的50%、75%或100%的稳定极限(LOS)作为目标值(只需选一个)；一切设定完毕后开始VFP测试，受试者观察显示屏上自己的重心，移动重心从中心位置依次到8个目标方框(显示屏上以边长为30 mm的方框表示目标值的位置)，并尽量在目标方框内保持2 s以上，重心移动到目标方框内的最长时限为15 s，超过15 s认为失败，则开始移动重心到下一个目标方框。整个测试过程中，若受试者双脚移动或倾倒，则重新测试。自动态平衡能力分析时，主要分析参数包括重心从中心位置依次移动到8个目标方框的时间、迹线长(重心从中心点移动的轨迹长度)、移动平均速度(迹线长/时间)、方向控制(中心点到目标值的位移除以迹线长)[102]。

3.3.2.10　动态平衡测试系统(Dynamic Balance Test System，DBTS)

受试者脱鞋站立于测试台上，两手自然下垂，脚跟并拢，脚尖张开成30°。可测试睁眼、闭眼两种情况，测试难度可以调节。睁眼测试时注视显示屏，尽量调整身体重心至十字坐标轴中心。测评指标包括综合动摇指数、前-后动摇指数、中间-侧方动摇指数[103,104]。

人体动态平衡能力测评法评价人体平衡能力的应用情况见表 3.4。

表 3.4　人体动态平衡能力测评法应用一览表

动态测评法	评价方法	适应人群
功能性前伸试验	向前、后、左、右四个方向伸展的最远距离的平均值越大,平衡能力越好	各年龄段一般健康人群、平衡功能障碍者
平衡木行走测试	在平衡木上按要求行走的时间越短,平衡能力越好	各年龄段一般健康人群、运动员
闭眼原地踏步测试	测试方案一:踏出圆圈的时间越长,平衡能力越好;测试方案二:脚跟中心点偏移程度越小,平衡能力越好	各年龄段一般健康人群、运动员、前庭功能障碍者
闭眼 10 米行走测试	偏离直线的垂直距离越远,平衡能力越差	各类人群
8 点星形偏移平衡测试	非支撑腿分别向前、右前、右、右后、后、左后、左、左前等 8 个方向上伸展的最远距离平均值与下肢长的比值越大,平衡能力越好	各年龄段一般健康人群、运动员
稳定极限测试	身体向前、后、左、右倾斜的最大角度。正常人 LOS 前后的最大倾斜角度为 12.5°,左右为 16°	各年龄段一般健康人群、运动员、前庭功能障碍者
垂直 X 书写测试	睁眼、闭眼写的字母“X”偏离角度或距离越大,平衡能力越差	老年人、平衡功能障碍者
Wolfson 姿势性应力试验	保持平衡,抵抗前、后、左、右四个方向牵拉干扰的力量	各年龄段一般健康人群、运动员
巴宾斯基-魏尔二氏试验	观察最后一次前行的方向与起始方向之间的偏斜角度大小,若向右偏斜角度大于 90°,则为右侧前庭功能较弱;若向左偏斜角度大于 90°,则为左侧前庭功能较弱	前庭功能障碍者
视觉反馈姿势描记	根据重心移动时间(越短越好)、迹线长(越短越好)、移动平均速度(越大越好)、方向控制(越大越好)等指标综合评价	各年龄段一般健康人群、运动员、前庭功能障碍者
动态平衡测试系统	根据综合动摇指数、前-后动摇指数、中间-侧方动摇指数综合评价	各年龄段一般健康人群、运动员、前庭功能障碍者

3.3.3　人体平衡能力综合测量与评定方法

静动态平衡能力综合测试主要借助测力台或压力板完成。经常使用的测试仪器包括比利时生产的 Footscan 测力台[105]、英国 BPM 平衡仪[106]、以色列生产的 Tetrax 平衡仪[107]、美国 Biodex 公司生产的 Biodex Balance-sd-2 动静态平衡仪[108,109]等。

静态测试方法主要包括睁眼双脚或单脚站立测试、闭眼双脚或单脚站立测试等。睁眼测试包括视野内有物体晃动和无物体晃动两种情况。评价平衡能力时主要依据的是人体重心的移动情况，体现人体重心移动的指标是压力中心。

动态测试方法主要包括步态测试和动态平衡能力中的测试方法(测试过程中同时使用综合测评仪器设备检测相关指标)。动态测试时有时会借助摄像法和表面积电测试，从动力学、运动学、表面肌电学等方面综合分析人体的平衡能力。测试时受试者自然站立于测力台或压力板一端(测力台或压力板与地面平行)，自然行走经过测力台或压力板另一端，其中至少一只脚踏在测力台或压力板上作为有效测试。评价平衡能力的指标包括左右脚最大压力差异、左右脚最大压力的一个完整步态中的时间、身体重心在额状轴上的最大偏移等。

对称平衡用于评估人体肢体平衡能力的对称性，主要是左右侧的肢体平衡对称性，比如闭眼单脚站立测试中，左脚站立与右脚站立时间的一致性。对于足踝关节疾病者，多通过患侧与健侧平衡能力的对比评估患侧平衡能力的恢复情况；对于运动员，多通过优势腿(足、手)与非优势腿(足、手)的对比评估两侧肢体的协调发展情况。

Romberg 率是常用的评价人体平衡的一个较为特殊的指标，具体是指直立位下闭眼与睁眼所测平衡参数的比值(常指闭眼与睁眼外周面积的比值)，可以检查视觉的代偿作用，反映视觉对姿势平衡的控制作用，也可以判断人体产生平衡障碍的性质。其值越大，即闭眼站立的外周面积与睁眼站立的外周面积之比越大，则表示视觉的代偿作用越大，视觉对人体平衡能力的影响越大[110-112]。Romberg 率超过正常值时，多为迷路障碍及脊髓后索障碍[113]；Romberg 率增大，提示存在本体感觉障碍；Romberg 率减小，提示视觉干扰或操作者因素影响[114]。

综合测试法评价人体平衡能力的应用情况见表 3.5。

表 3.5 综合测试法在人体平衡能力测评中的应用一览表

综合测评法	评价方法	适应人群
静态测试	压力中心摆动的最大距离(越小越好)、平均速率(越大越好),压力中心轨迹长度(越短越好)、包络面积(越小越好)	各年龄段一般健康人群、运动员、前庭功能障碍者
动态测试	左右脚最大压力差异(越小越好),左右脚最大压力的一个完整步态中的时间(一致性越高越好),身体重心在额状轴上的最大偏移(越小越好)	各年龄段一般健康人群、运动员、前庭功能障碍者
对称平衡	左右侧肢体静动态平衡指标的均衡性	各年龄段一般健康人群、运动员、前庭功能障碍者

综上所述,人体平衡能力实验测评方法主要包括观察法、量表法和实验法。观察法主要包括闭目直立检查法、强化 Romberg 检查法、单腿直立检查法、过指试验。前三种根据受试者保持某动作的时间评价平衡能力,时间越长,平衡功能越好;过指试验中,过指现象越轻微,平衡能力越好。

量表测评法主要包括 Berg 平衡量表、Tinetti 步态和平衡量表、活动平衡信心量表、Brunel 平衡量表、动态步态指数、功能性步态评价、计时起立-行走测验、Fugl-Meyer 平衡量表、Lindmark 平衡量表等。量表测量得分越高,平衡能力越好。以上方法除了 Brunel 平衡量表仅适用于脑卒中患者外,其他方法均适用于平衡功能障碍患者和老年人。

实验测试法包括静态、动态、综合测评法。人体静态平衡能力测评方法主要包括闭眼单脚站立测试、踏木测试、Wolfson 姿势性应力试验、静态平衡能力测试仪测试等。评价中均是维持某动作的时间越长、越稳定,静态平衡能力越好。人体动态平衡能力的测评方法主要包括功能性前伸试验、平衡木测试、闭眼原地踏步测试、闭眼 10 米行走测试、8 点星形偏移平衡测试、稳定极限测试、垂直 X 书写测试、巴宾斯基-魏尔二氏试验、视觉反馈姿势描记、动态平衡测试系统等。人体平衡能力的综合测评方法分为两类:静态测试(睁眼双脚或单脚站立测试、闭眼双脚或单脚站立测试等)、动态测试(步态测试、动态平衡能力测评方法等)。综合测评法适用于各种人群;适用于运动员的平衡能力测评方法主要有闭眼单脚站立成鹰姿测试、踏木测试、平衡木测试、闭眼原地踏步测试、8 点星形偏移平衡测试、Wolfson 姿势性应力试验、视觉反馈姿势描记、动态平衡测试系统等;适用于平衡功能障碍者的测评方法主要有闭眼单脚站立测试、多向伸及试验、闭眼原地踏步测试、稳定极限测试、垂直 X 书写测试、巴宾斯基-魏尔二氏试验、视觉反馈姿势描记、动态平衡测试系统等。

第 4 章　老年人平衡能力的影响因素研究

平衡能力与年龄存在一定的关联性，但不是线性相关关系，可能是一种曲线相关关系。目前学者对这种曲线相关的研究结论不尽一致。有研究认为，15 岁以前，视觉、前庭、本体感觉功能均在不断完善，20～50 岁最稳定，之后逐渐减弱，70 岁以后明显下降[66]。还有学者指出前庭功能 20 岁以前发育成熟，45 岁以后开始衰退[67]。另有学者认为 30～60 岁姿势稳定性最高[68]。李素芳研究表明，21～50 岁人的姿态控制能力强，70 岁以上姿态控制能力下降[118]。柏卫东研究发现人的平衡能力在 7～9 岁发展较慢，10～12 岁发展较快，并达到高水平，13～15 岁趋于稳定，16～18 岁则呈下降趋势[119]。人体平衡能力主要受视觉、前庭觉、本体感觉影响，衰老会使人的视觉、前庭觉、本体感觉出现一定程度的退行性变化，从而降低平衡功能。平衡功能减弱是引发老年人跌倒的主要原因，平衡能力是预测老年人跌倒风险的重要指标。2011 年 9 月卫生部颁布的《老年人跌倒干预技术指南》指出"跌倒是我国伤害死亡的第四位原因，而在 65 岁以上的老年人中则为首位。老年人跌倒死亡率随年龄的增加急剧上升"。

本书拟对可能影响到老年人平衡能力的几个因素进行分析，分别是手足反应时、上下肢动作速度、姿势应力、伸及能力、感知觉。

4.1　实验测试对象

实验测试对象为同一个社区的老年人，共有 28 名，由于个别老年人无法完成或未进行部分测试，下面几项分析中的样本量会稍有差异。实验测试对象的纳入条件：年龄 60～75 岁，最近一年内下肢未做过外科手术，有独立生活能力，在无辅助器械的情况下能独立行走 100 m 以上。

4.2　老年人平衡能力的实验测试

静态平衡能力测试使用中国科学院研制的 IIM-BAL-100 静态平衡能力测试仪。该设备采用高精度三维测力传感器获取人体不同站立状态下的压力中心信息并绘制静态姿势图，评估人体静态平衡能力。站立状态包括双足站立睁眼测试(Double Foot with Eyes Open，DO)、双足站立闭眼测试(Double Foot with Eyes Closed，DC)、线性步站立睁眼测试(Linear Step with Eyes Open，LO)、单足站立睁眼测试(Single Foot with Eyes Open，SO)。静态平衡能力测试要求：受试者脱鞋，两眼平视前方，双臂自然下垂于身体两侧，不得摆动；躯干挺直，双腿伸直，不得弯曲；双足站立时足跟点间距为 10 cm；单足站立睁眼测试包括左足站立和右足站立两种情况，测试结果取均值作为单足站立的测试结果，腾空腿抬至脚底与支撑腿内踝平齐；每种站立状态的测试均有 3～6 s 的准备时间，测试时长均为 10 s。主要测试指标包括：① 静态平衡综合得分(Static Score)：几种站立状态下静态平衡能力得分的均值，评估静态平衡的综合能力；② 几种站立状态下的静态得分：评估某一种站立状态下的静态平衡能力；③ 包络面积(Area)：压力中心轨迹所覆盖的最大闭合面积；④ 轨迹长(Lng)：压力中心轨迹的长度；⑤ 单位面积轨迹长(Lng/A)：轨迹长与包络面积的比值。

使用德国 Dr-Wolff 公司生产的 Balance-check 动态平衡能力测试仪，是动态姿势图的一种简易形式，通过调整目标球的灵敏性控制测试的难度。测试难度包括 1～10 共 10 个等级，等级越高，目标球的灵敏性越高，难度越大。主要测试指标包括：动态得分，旋转速度，最大旋转速度，目标球在水平方向左、中、右区域时间百分比，目标球在垂直方向前、中、后区域时间百分比，目标球在 1、2、3、4、中心区停留时间等(图 4.1)。由于目标球在 1、2 区的停留时间几乎为 0，因此分析中仅使用目标球在 3、4、中心区的停留时间数据。平衡得分根据目标球在 1、2、3、4、中心区的停留时间换算，在各区停留 50 ms 分别计 0、1、2、5、30 分，分数越高越好。根据所有受试者的测试结果，目标球很少在 1～3 区停留，不再进行 1～3 区数据的计算。

通过对两名老人的预测试，确定测试难度为中等难度(难度等级为 5)，控制设备选择 sensor＋高敏传感器。正式测试前要求受试者脱鞋，双脚踩到踏板脚印位置，两脚跟、膝关节内侧尽量并拢，双手张开悬浮于扶手上方，测试练习 5 min，以熟悉踏板的操控和测试要求。正式测试时要求受试者姿势与练习时一致，难以维持平衡时可以双手快速抓扶手还原至平衡状态，然后快速松手继续测试，测试时间为 1 min。老人练习与测试时由专人负责安全保护。

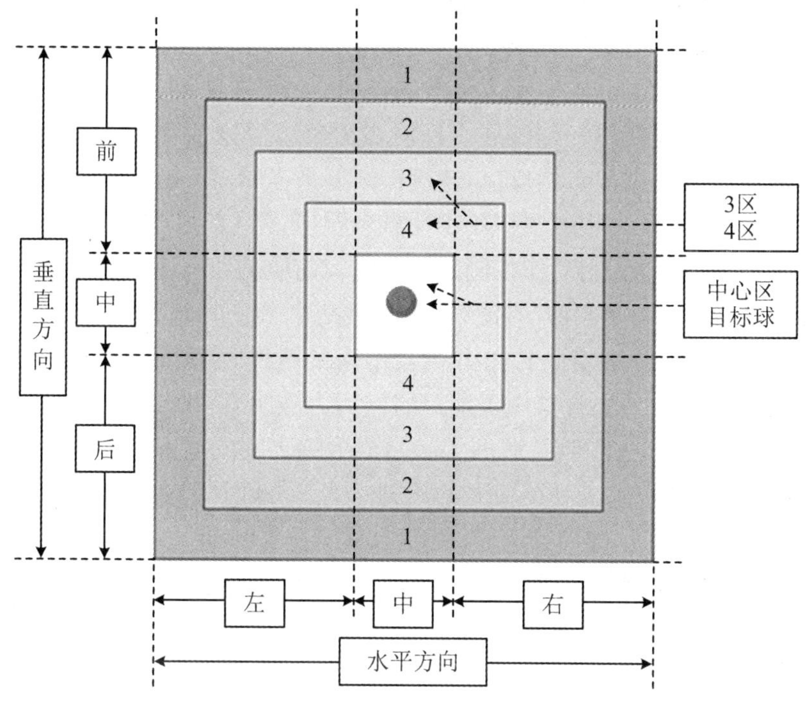

图 4.1　动态平衡测试指标示意图

本书所有相关分析均采用 Pearson 积差相关系数，两组数据组内比较采用配对样本 t 检验，多组数据组内比较采用重复测量方差分析，显著性水平取 0.05，非常显著性水平取 0.01。

4.3　反应速度对老年人平衡能力影响的研究

反应时指人体从接收刺激到做出反应之间的时距，是反应速度的有效评价指标[120]。目前它也是国民体质测试的重要指标之一。外界刺激作用于人体后，首先是感觉器官感受到刺激，经由神经系统传导到大脑，经过加工处理，再由大脑传递给效应器做出动作反应。因此反应时反映了人体神经-肌肉系统的协调性和快速反应能力[121,122]。同时，反应时也可以作为一种可靠的心理活动指标，测定大脑皮层的兴奋和抑制功能，分析人的感觉、注意、学习与记忆、思维、个性差别等各种心理活动。反应时亦被认为是反映老年人中枢神经系统结构和功能退变最重要的敏感指标之一[123]。研究表明,反应时呈现增龄性延长,尤其 75 岁以上的老人反应时明显延长[124]。有研究为探索主动反应与被动反应对人体平衡能力的影响,选取两组受试者:青年组、老年组,分别测试其主动反应和被动反应状况。主动反应指预先告知受试者外力作用的位置及方向,并指导受试者尽快地在感受到失去平衡时做出反应以恢复平衡。被动反应指告诉受试者在实验时做出自然反应,使身体恢复平衡状态。首先让受试者以标准姿势站立,然后侧拉失重装置作用于受试者腰部,用 OPTORAK 电子运动分析系统测量肢体的运动,用动作控制系统对胫骨前肌的肌电图进行监测。作用于腰部拉力的分析采用作用力的持续时间、最高值、力-时间积分进行分析,拉力增加及减少 5N 时分别定为拉力开始及结束的时间,实验结束时间与 DIFABI 所定义的方法相同。垂直作用于地板的作用力减少 5N 时定义为抬脚时间,增加 5N 时定义为落地时间,从肌电图起始至抬脚之间的间隔定义为重心转换时间。结果发现:老年组主动反应时的抬脚时间、落地时间均比被动反应长,青年组两者差异均不显著;老年组肌电图起始时间比青年组长;老年组主动反应时的重心转移时间比青年组长。由此判断,主动反应与被动反应对人体平衡能力的影响不同,一般主动反应速度较慢,被动反应速度较快,老年人主被动反应时间比青年人慢[125]。

老年人平衡能力受到干扰后,会产生一定的应激反应,应激反应过慢会造成动作迟缓,增加跌倒风险。因此有必要对老年人反应速度与平衡能力的关系进行分析和探索。

4.3.1 反应时的实验测试

采用 FYS-1 电子反应时测试仪采集人体的手反应时和足反应时。首先让受试者呈坐位,测试时,受试者中指(或脚尖)按住“启动键”,等待信号发出,当任意信号键发出信号时(声、光同时发出),以最快速度去按该键;信号消失后,中指(或脚尖)再次按住“启动键”,等待下一个信号发出,共有 5 次信号。受试者完成第五次信号应答后,所有信号键都会同时发出光和声,表示测试结束。测试两次,取最好成绩,记录以秒为单位,保留小数点后两位。

4.3.2 反应时对老年人平衡能力的影响结果

4.3.2.1 老年人反应时基本情况

老年人反应时评分标准见表 4.1,一般在 3 分以上为正常。

表 4.1　老年人反应时评分表　（单位：s）

年龄段	性别	1分	2分	3分	4分	5分
60～64岁	男	1.01～1.40	0.77～1.00	0.63～0.76	0.51～0.62	<0.51
	女	1.14～1.46	0.84～1.13	0.67～0.83	0.55～0.66	<0.55
65～69岁	男	1.11～1.45	0.81～1.10	0.66～0.80	0.54～0.65	<0.54
	女	1.22～1.63	0.89～1.21	0.69～0.88	0.57～0.68	<0.57

注：资料来源于《国民体质测定标准》。

本书中老年人反应时基本情况见表4.2。

表 4.2　老年人反应时基本情况表

	有效样本量*	最小值	最大值	平均值	标准差	t	P	r	P
手反应时(s)	24	0.31	0.64	0.504	0.091	−2.314	0.030	0.757	0.000
足反应时(s)	24	0.41	0.67	0.533	0.084				

注：* 由于个别老年人无法完成或未进行部分测试，有效样本量可能低于总样本量。

本书中老年人手反应时最小值为0.31，最大值为0.64；足反应时最小值为0.41，最大值为0.67，可见老年人手、足反应时均在3分以上，为正常反应时范畴。可以认为本书的受试者不存在神经-肌肉系统障碍。

配对样本 t 检验表明，老年人手反应时明显低于足反应时（$P=0.030<0.05$），说明老年人手的反应速度高于足的反应速度。手反应时与足反应时的Pearson积差相关系数为0.757（$P=0.000<0.01$），说明老年人手反应时与足反应时具有较高的正相关关系。

4.3.2.2　反应时对老年人静态平衡能力的影响

如表4.3所示，老年人手反应时与静态平衡综合得分之间的相关系数不显著（$r=-0.329$，$P>0.05$），足反应时与静态平衡综合得分之间的相关系数非常显著（$r=-0.528$，$P<0.01$）。

另外，老年人手反应时与双足睁眼得分、双足闭眼得分、双足睁眼单位面积轨迹长存在显著的负相关关系，与双足闭眼包络面积、双足睁眼轨迹长、双足闭眼轨迹长存在显著的正相关关系。

老年人足反应时与双足睁眼得分、双足闭眼得分存在显著的负相关关系，与双足闭眼包络面积、双足睁眼轨迹长、双足闭眼轨迹长存在显著的正相关关系。

表 4.3 反应时与老年人静态平衡能力相关分析结果表

	综合得分	DO 得分	DC 得分	LO 得分	SO 得分	DO-Area	DC-Area	LO-Area	SO-Area
手反应时	−0.329	−0.437*	−0.597**	0.298	−0.160	0.297	0.477*	−0.046	−0.175
足反应时	−0.528**	−0.455*	−0.564**	−0.166	−0.340	0.236	0.505*	0.400	−0.170

	DO-Lng	DC-Lng	LO-Lng	SO-Lng	DO-Lng/A	DC-Lng/A	LO-Lng/A	SO-Lng/A
手反应时	0.454*	0.565**	−0.291	−0.103	−0.620**	−0.314	0.190	−0.079
足反应时	0.483*	0.595**	0.163	−0.128	−0.290	−0.330	−0.061	−0.027

注：* 表示 $P<0.05$，** 表示 $P<0.01$。

4.3.2.3 反应时对老年人动态平衡能力的影响

如表 4.4 所示，老年人手反应时和足反应时与动态得分均不存在相关性（$r=-0.051, P>0.05$；$r=0.085, P>0.05$）。老年人手反应时与足反应时均与旋转速度存在显著的负相关关系（$r=-0.448, P<0.05$；$r=-0.429, P<0.05$）。老年人手反应时与水平左、水平右也存在显著的相关性，但是相关关系相反，与垂直前存在显著的负相关关系。

表 4.4 反应时与老年人动态平衡能力相关分析结果表

	动态得分	旋转速度	最大旋转速度	水平左	水平中	水平右
手反应时	−0.051	−0.448*	−0.343	0.472*	0.045	−0.653**
足反应时	0.085	−0.429*	−0.342	0.088	0.181	−0.307

	垂直前	垂直中	垂直后	3 区	4 区	中心区
手反应时	−0.408*	0.173	0.181	0.092	0.016	−0.041
足反应时	−0.138	0.319	−0.131	−0.008	−0.166	0.102

注：* 表示 $P<0.05$，** 表示 $P<0.01$。

4.3.3 讨论

手和足反应速度能够在一定程度上反映神经-肌肉系统的功能状况。存在神经-肌肉系统障碍时会使手和足反应时变慢，进而影响到老年人的平衡功能。但是神经-肌肉系统障碍对平衡功能的影响不仅会通过“反应速度”间接影响到平衡功能，还会产生其他形式的间接影响，甚至直接影响。因此为了排除神经-肌肉系统障碍对平衡功能的影响，本书对受试者进行了手、足反应速度检验。对照表 4.1 和表 4.2 可知，本书受试老年人手、足反应速度均在 3 分以上，均属于正常范畴。因此，本书结果不会受到神经-肌肉系统障碍的影响。

本书中，老人手反应时明显低于足反应时（$P=0.030<0.05$），且老人手反应时与足反应时之间具有较高的正相关关系（$r=0.757, P=0.000<0.01$）。老人手的反应速度比足的反应速度快的原因可能有两点：一是一般人的手比足灵活性高；二是中枢与手之间的神经纤维长度比中枢与足之间的短，也就是说中枢与手之间传递信息的距离比较短，与足之间传递信息的距离比较长。老人的手反应时与足反应时之间存在较高的正相关关系，说明受试者上下肢反应速度发展的协调性较好。

本书采用的静态与动态平衡能力测试均为站立姿势，因此足反应时与平衡能力的关系可能更为密切。对静态平衡能力的研究证实了这一点，老人手反应时与静态平衡综合得分不存在相关性，足反应时与静态平衡综合得分却存在负相关关系。这说明老人手的反应速度与静态平衡综合能力无关，但是老人足的反应速度越快，静态平衡综合能力越好。

老人手反应时和足反应时都与双足睁眼得分、双足闭眼得分存在显著的负相关关系，与线性步睁眼得分、单足睁眼得分不存在相关性，说明老人手、足的反应速度与双足站立时的静态平衡能力关系较为密切，与线性步和单足站立时的静态平衡能力无关。包络面积、轨迹长、单位面积轨迹长是评价老人静态平衡能力三个核心的综合性指标。老人手反应时和足反应时均与双足闭眼包络面积、双足睁眼轨迹长、双足闭眼轨迹长存在显著的正相关关系，与线性步睁眼、单足睁眼站立时的指标不存在相关性，这进一步验证了上面的结论。

老人手反应时和足反应时与动态得分均不存在相关性（$r=-0.051, P>0.05$；$r=0.085, P>0.05$）。这说明老人的手、足反应速度对动态平衡能力没有影响。旋转速度是指老人调节踏板控制人体动态平衡的速度。本书中，老人手反应时与足反应时均与旋转速度存在显著的负相关关系（$r=-0.448, P<0.05$；$r=-0.429, P<0.05$）。这说明老人手、足反应速度越快，调节踏板控制人体动态平衡的速度就越快。

4.3.4 小结

老人手的反应速度比足的反应速度快，与足的反应时存在较高的正相关关系；老人手的反应速度与静态平衡综合能力无关，但是老人足的反应速度越快，静态平衡综合能力越好。老人手、足的反应速度与双足站立时的静态平衡能力关系较为密切，与线性步和单足站立时的静态平衡能力无关；老人的手、足反应速度对动态平衡能力没有影响，但是老人手、足反应速度越快，调节踏板控制人体动态平衡的速度就越快。

4.4 动作速度对老年人平衡能力影响的研究

动作速度指人体或人体某一部分快速完成某一动作的能力，是大脑发出一定的意识支配肌肉活动的速度表现[126,127]。因此，动作速度反映了大脑对动作的支配能力，体现了中枢神经的主导作用。与反应速度相同，动作速度也可能对人体平衡能力产生一定影响。

4.4.1 动作速度的实验测试

动作速度的测量一般包括上肢的动作速度和下肢的动作速度的测量。上肢的动作速度采用两手快速敲击的次数评估。受试者坐于测试台前，调节测试台与髂嵴同高，两手各持敲击棒，听到开始口令后受试者两手快速交替敲击测试台面，采用高速摄像机拍摄敲击棒运动，测试完成后查看录像并记录敲击次数。每次测试 10 s，测 3 次后取均值。下肢的动作速度采用坐姿快速踏足的次数评估。受试者两手扶椅子扶手坐于椅子上，大小腿弯曲成 90°，大腿保持水平，双脚快速交替做踏足动作，采用高速摄像机拍摄踏足动作，测试完成后查看录像并记录敲击次数。每次测试 10 s，测 3 次后取均值。

4.4.2 动作速度对老年人平衡能力的影响结果

4.4.2.1 老年人动作速度基本情况

本书中老年人的动作速度基本情况见表 4.5。

如表 4.5 所示，老年人上肢的动作速度明显比下肢的动作速度快（$P=0.000<0.01$）。老年人的上肢动作速度与下肢动作速度具有很高的正相关关系（$r=0.873$，$P=0.000<0.01$）。

表 4.5 老年人动作速度基本情况表

	有效样本量*	最小值	最大值	平均值	标准差	t	P	r	P
上肢动作速度(次)	24	20.5	50	35.8	8.7	4.543	0.000	0.873	0.000
下肢动作速度(次)	24	13	43.5	31.6	9.1				

注：* 由于个别老年人无法完成或未进行部分测试，有效样本量可能低于总样本量。

4.4.2.2　动作速度对老年人静态平衡能力的影响

如表 4.6 所示，老年人的上肢动作速度与双足闭眼时的单位面积轨迹长具有较低的正相关关系（$r=0.438, P=0.000<0.05$），与其他指标都不存在显著的相关关系。老人的下肢动作速度与双足闭眼时的包络面积、轨迹长均存在较低的负相关关系（$r=-0.406, P<0.05; r=-0.416, P<0.05$），与双足闭眼时的单位面积轨迹长存在较低的正相关关系（$r=0.437, P=0.000<0.05$）。

表 4.6　动作速度与老年人静态平衡能力相关分析结果表

	综合得分	DO 得分	DC 得分	LO 得分	SO 得分	DO-Area	DC-Area	LO-Area	SO-Area
上肢动作速度	0.256	0.113	0.212	0.169	0.245	−0.202	−0.235	−0.233	0.127
下肢动作速度	0.228	0.126	0.337	0.054	0.135	−0.143	−0.406*	−0.288	0.139

	DO-Lng	DC-Lng	LO-Lng	SO-Lng	DO-Lng/A	DC-Lng/A	LO-Lng/A	SO-Lng/A
上肢动作速度	−0.132	−0.231	−0.181	0.042	0.138	0.438*	−0.142	−0.052
下肢动作速度	−0.154	−0.416*	−0.064	0.069	0.293	0.437*	−0.040	−0.164

注：* 表示 $P<0.05$。

4.4.2.3　动作速度与老年人动态平衡能力的影响

如表 4.7 所示，老年人的上肢动作速度和下肢动作速度与动态得分均存在正相关关系（$r=0.654, P<0.01; r=0.541, P<0.01$）。老年人的上肢动作速度还与最大旋转速度、水平右、垂直中、垂直后、3 区、4 区等指标存在不同程度和方向的相关关系；老年人的下肢动作速度还与水平右、4 区等指标存在不同程度和方向的相关关系。

表 4.7 动作速度与老年人动态平衡能力相关分析结果表

	动态得分	旋转速度	最大旋转速度	水平左	水平中	水平右
上肢动作速度	0.654**	0.111	−0.466*	0.358	0.250	−0.619**
下肢动作速度	0.541**	0.089	−0.351	0.263	0.233	−0.506*
	垂直前	垂直中	垂直后	3 区	4 区	中心区
上肢动作速度	0.268	0.469*	0.506*	−0.512*	0.654**	0.111
下肢动作速度	0.197	0.252	0.337	−0.315	0.541**	0.089

注：* 表示 $P<0.05$，** 表示 $P<0.01$。

4.4.3 讨论

动作速度指人体或人体某一部分快速完成某一动作的能力，是肌纤维在运动神经系统控制下克服肌纤维牵张阻力以及肌纤维之间的摩擦阻力的结果。实际上，单纯的动作速度是不存在的，无论是单个动作的速度或是组合动作的速度都是由力量、速度、灵敏、协调等多个身体素质因素结合技术而形成的[128]。郑毓春、吴琪[129]研究指出，影响人体动作速度的因素包括：① 肌肉中肌纤维类型的百分比组成。在神经兴奋度、温度、收缩前肌纤维的初长度等条件相同的条件下，白肌比例越高，爆发力就越好，动作速度就越快。② 肌肉力量。一般而言，肌肉力量越大，动作速度就越快。③ 肌纤维的兴奋性。在正常兴奋阈值范围内，肌纤维兴奋性越高，神经传导速度越快，动作速度就会越快。④ 动作的熟练程度。练习动作的过程实际上就是运动条件反射的构建过程，动作越熟练，神经支配肌肉活动的协调性越好，冗余动作越少，动作速度越快。因此，动作速度体现了神经对肌肉的精确支配能力，对人体平衡能力尤其是动态平衡能力可能会产生一定的影响。

本书中，老年人上肢的动作速度明显比下肢的动作速度快（$P=0.000<0.01$），其原因可能是一般人上肢的灵活性比下肢高，且信息是由中枢神经传导至上肢的距离比传导到下肢的距离短造成的。老年人的上肢动作速度与下肢动作速度具有很强的正相关关系（$r=0.873$，$P=0.000<0.01$），说明老年人的上肢与下肢动作速度发展的协调性非常好。

老年人上肢和下肢的动作速度与静态平衡综合得分均不存在相关性，说明总体而言,老年人的上肢和下肢动作速度对静态平衡综合能力没有影响。但是如表4.6所示,老年人的上肢动作速度与双足闭眼时的单位面积轨迹长具有较低的正相关关系($r=0.438, P=0.000<0.05$),老年人的下肢动作速度与双足闭眼时的包络面积、轨迹长均存在较低的负相关关系($r=-0.406, P<0.05$;$r=-0.416, P<0.05$),与双足闭眼时的单位面积轨迹长存在较低的正相关关系($r=0.437, P=0.000<0.05$)。这说明老年人下肢的动作速度与双足闭眼时的静态平衡能力关系较为密切,与其他站立姿势下的静态平衡能力无关。老年人下肢的动作速度越快,双足闭眼时的包络面积和轨迹长就越小,单位面积轨迹长就越大。

老年人上肢的动作速度和下肢的动作速度与动态得分均存在正相关关系($r=0.654, P<0.01$;$r=0.541, P<0.01$)。这说明老年人上肢和下肢的动作速度对动态平衡能力的影响较大,老年人上肢和下肢的动作速度越快,动态平衡能力就越好。

4.4.4 小结

老年人上肢的动作速度明显比下肢的动作速度快,与下肢动作速度具有很强的正相关关系;老年人上肢和下肢的动作速度对静态平衡综合能力没有影响;老年人下肢的动作速度越快,双足闭眼时的包络面积和轨迹长就越小,单位面积轨迹长就越大;老年人上肢和下肢的动作速度越快,动态平衡能力就越好。

4.5 姿势应力对老年人平衡能力影响的研究

姿势应力是指人体姿势对抗外力干扰的能力[130,131]。人体静态姿势的抗干扰能力常用的测量方法为 Wolfson 姿势性应力试验,动态姿势的抗干扰能力常用的测量方法为平衡木行走测试。姿势性应力的大小是评价人体维持某种特定的动态或静态姿势的能力,因此可用于评估人体静态或动态平衡能力[132]。本节通过对老年人进行 Wolfson 姿势性应力试验、静态和动态平衡测试与分析,探索老年人静态姿势的抗干扰能力对平衡能力的影响。

4.5.1 姿势应力的实验测试

为获取人体静态姿势的抗干扰能力的精确数据,对 Wolfson 姿势性应力试验进行了改良。不再使用以前的固定干扰力(体重的1.5%、3%、4%的重量),而是采用 BioVision 公司的力传感器采集精确的人体静态姿势的抗干扰力。

测试方法:受试者双脚开立与肩同宽,腰部系一条皮带,在皮带上连接力传感器的一端,力传感器的另一端由测试者手持。测试过程中要求受试者双臂环抱于胸前,面对测试者站立,测试者水平牵拉力传感器,力量由小逐步加大,直至受试者脚步不得不移动位置时测试结束。测试过程中,受试者不可通过身体的主动性反向倾斜对抗阻力,要固定身体姿势,通过脚底力的局部调整对抗阻力。测试中产生的最大应力为测试结果,共测 3 次,取均值作为前应力测试结果。以同样的方法,让受试者背对、侧对(分左侧和右侧)测试者,测量受试者的后应力、左侧应力和右侧应力。左侧应力和右侧应力取均值合并为侧应力。因此最终获得受试者前应力、后应力、侧应力 3 个指标数据。

4.5.2 姿势应力对老年人平衡能力的影响结果

4.5.2.1 老年人姿势应力基本情况

如表 4.8 所示,球形检验结果表明,数据满足球形检验($P=0.308>0.05$)。重复测量方差分析结果表明,老人前、后、侧三个方向的应力具有非常显著性差异($P=0.000<0.01$)。采用 LSD 法进行成对比较,结果表明前应力与侧应力差异不显著,两者均明显大于后应力。

表 4.8 老年人前、后、侧姿势应力对比结果表

	有效样本量*	姿势应力	Mauchly's W	Approx. Chi-Square	df	P	F	P
前应力	24	96.5±21.9&						
后应力	24	73.0±19.6#	0.913	2.355	2	0.308	16.594	0.000
侧应力	24	92.0±26.2&						

注:* 由于个别老人无法完成或未进行部分测试,有效样本量可能低于总样本量,# 表示与前应力比较具有显著性差异($P<0.05$),& 表示与后应力比较具有显著性差异($P<0.05$)。

如表 4.9 所示,老年人前、后、侧姿势应力两两之间均具有显著的正相关关系,关系密切程度由高到低依次为后应力-侧应力($r=0.842, P<0.01$)、前应力-侧应力($r=0.688, P<0.01$)、前应力-后应力($r=0.455, P<0.05$)。

表 4.9 老年人前、后、侧姿势应力相关分析结果表

	前应力-后应力	前应力-侧应力	后应力-侧应力
相关系数	0.455*	0.688**	0.842**

注:* 表示 $P<0.05$,** 表示 $P<0.01$。

4.5.2.2　姿势应力对老年人静态平衡能力的影响

如表 4.10 所示，前应力与静态平衡综合得分以及不同站立姿势时的静态平衡得分的相关系数均不显著（$P>0.05$），后应力和侧应力与静态平衡综合得分以及单足睁眼时的静态平衡得分具有较弱的正相关关系（$P<0.05$）。老年人前、后、侧姿势应力与不同站立姿势下的包络面积、轨迹长、单位面积轨迹长几乎不存在相关性（仅与三个指标的相关系数显著）。

表 4.10　姿势应力与老年人静态平衡能力相关分析结果表

	综合得分	DO 得分	DC 得分	LO 得分	SO 得分	DO-Area	DC-Area	LO-Area	SO-Area
前应力	0.228	0.218	−0.006	0.185	0.241	−0.406*	−0.085	−0.435*	0.193
后应力	0.412*	0.230	0.204	0.241	0.427*	0.019	−0.021	−0.258	−0.049
侧应力	0.418*	0.205	0.062	0.387	0.462*	−0.162	0.018	−0.417*	0.010

	DO-Lng	DC-Lng	LO-Lng	SO-Lng	DO-Lng/A	DC-Lng/A	LO-Lng/A	SO-Lng/A
前应力	−0.209	−0.021	−0.175	0.186	−0.063	0.317	0.136	0.295
后应力	−0.226	−0.165	−0.238	−0.131	−0.009	0.165	−0.359	0.320
侧应力	−0.200	−0.068	−0.379	−0.013	−0.157	0.238	−0.105	0.362

注：* 表示 $P<0.05$，** 表示 $P<0.01$。

4.5.2.3　姿势应力对老年人动态平衡能力的影响

如表 4.11 所示，老年人前、后、侧姿势应力与动态得分不存在相关关系（$P>0.05$）。前应力与最大旋转速度具有中度正相关关系（$r=0.593$，$P<0.01$），后应力和侧应力都与垂直后存在正相关关系（$r=0.455$，$P<0.05$；$r=0.525$，$P<0.01$）。

表 4.11　姿势应力与老年人动态平衡能力相关分析结果表

	动态得分	旋转速度	最大旋转速度	水平左	水平中	水平右
前应力	−0.129	0.342	0.593**	0.098	−0.033	−0.098
后应力	−0.225	0.375	0.404	0.129	−0.159	−0.023
侧应力	−0.322	0.332	0.482*	0.273	−0.245	−0.132

	垂直前	垂直中	垂直后	3 区	4 区	中心区
前应力	−0.218	−0.185	0.278	0.045	0.225	−0.143
后应力	−0.348	−0.312	0.455*	0.200	0.270	−0.233
侧应力	−0.399	−0.362	0.525**	0.258	0.402	−0.335

注：* 表示 $P<0.05$，** 表示 $P<0.01$。

4.5.3 讨论

为获取精确的姿势应力数据，本节对 Wolfson 姿势性应力试验进行了改良，改良后的测试结果精确性和有效性更高。Wolfson 姿势性应力试验属于人体静态姿势应力的测量方法，反映人体维持静态姿势时的抗干扰能力，因此可能对人体的静态平衡能力有一定的影响。

重复测量方差分析结果表明，前应力与侧应力差异不显著，两者均明显大于后应力。这应该与人体站立时的稳定系数(稳定力矩/翻倒力矩)有关。稳定力矩是人体站立时的重力距，为重力(G)与重力臂(L，转动支点与重力作用线的垂直距离)的乘积。翻倒力矩为干扰力矩，也就是测试者的拉力矩，为拉力(F)与拉力臂(H，转动支点到拉力作用下的垂直距离)的乘积。人体站立时属于有限度的稳定平衡。测试者的拉力 F(即干扰力)较小时，稳定力矩(GL)大于翻倒力矩(FH)，稳定系数大于 1，人体站立姿势不会受到影响，仍然处于平衡状态。当拉力 F 逐步加大时，稳定系数不断变小，直至稳定力矩与翻倒力矩相等，也就是稳定系数为 1 时，人体站立平衡状态达到了稳定平衡的临界值，拉力 F 再继续加大时，稳定系数小于 1，人体站立的姿势发生改变，静态平衡状态被打破。根据以上分析，从生物力学的角度看，在稳定平衡的临界状态下，稳定系数 $=1$，$GL=FH$，拉力 F 的大小受三个因素影响：重力 G、重力力臂 L、拉力力臂 H。测试时人体的重力 G 无法改变，是恒定值；拉力力臂 H 取决于人的身高，也是恒定值。因此拉力 F 的大小主要取决于重力力臂 L 的大小，两者成正比关系。前应力测量时转动支点在脚前掌，侧应力测量时转动支点在左脚或右脚外侧，后应力测量时转动支点在脚跟。人体直立时脚跟距离人体重心作用线的垂直距离最短，前脚掌和脚外侧距离人体重心作用线的垂直距离较长，且差异不大，因此前应力与侧应力差异不大，且两者均明显大于后应力。这可能会引起人体站立时向后倒的概率大于向前方、侧方，这一推断还有待进一步考证。

老年人前、后、侧应力两两之间均具有显著的正相关关系，说明老年人在各方向上的姿势应力发展得较为协调。尤其是后应力与侧应力的相关系数达到了 0.842，说明若老年人对抗向后的干扰力越大，那么对抗侧向的干扰力也会越大，反之亦成立。

前应力与静态平衡综合得分以及不同站立姿势时的静态平衡得分的相关系数均不显著($P>0.05$)，后应力和侧应力与静态平衡综合得分以及单足睁眼时的静态平衡得分具有较弱的正相关关系($P<0.05$)。这说明前应力对老年人静态平衡能力没有影响，后应力和侧应力对老年人静态平衡综合能力和单足睁眼时的静态平衡能力具有较弱但显著的影响，后应力和侧应力越大，老年人

静态平衡综合能力和单足睁眼时的静态平衡能力就越好。

前、后、侧应力与动态得分不存在相关关系($P>0.05$)。这说明人体静态姿势应力对动态平衡没有影响。前应力与最大旋转速度具有中度正相关关系($r=0.593$,$P<0.01$)。前应力测量时转动支点在前脚掌,前脚掌起到了主要的支撑作用,动态平衡的维持也主要靠前脚掌的调控作用,这可能是造成前应力与最大旋转速度具有正相关关系的主要因素。后应力和侧应力都与垂直后存在正相关关系($r=0.455$,$P<0.05$;$r=0.525$,$P<0.01$)。这说明后应力和侧应力越大,对后方动态平衡的控制作用就越强。

4.5.4　小结

老年人静态姿势的前应力与侧应力差异不显著,两者均明显大于后应力,这与人体站立时的稳定系数有关;前应力对老年人静态平衡能力没有影响,后应力和侧应力对老年人静态平衡综合能力以及单足睁眼时的静态平衡能力具有较弱但显著的影响,后应力和侧应力越大,老年人静态平衡综合能力和单足睁眼时的静态平衡能力就越好;前、后、侧应力对动态平衡没有影响。

4.6　伸及能力对老年人平衡能力影响的研究

伸及能力是指人体站立时能够伸手触及的最远距离,与人体的身高、臂长、力量、柔韧等因素有关。由于人在做伸及动作的过程中必须通过对足底压力的调控维持平衡状态,因此伸及能力被很多学者认为是评价人体站立时动态平衡能力的有效指标[133,134]。但是国内学者尚未对不同方向的伸及能力与动态平衡精细调控能力间的关系进行深入研究。人体站立时的静态平衡也同样需要对足底压力的精细调控,因此,伸及能力也可能会影响到人体站立时的静态平衡能力。本书通过不同方向的伸及能力与老年人静动态平衡能力的相关分析,揭示伸及能力对老年人静动态平衡能力可能存在的影响。

4.6.1　伸及能力的实验测试

多向伸及试验:测试者双脚穿平底鞋,靠墙边站立,墙上与肩同高处放置一个带有刻度的标尺。首先,保持身体矢状面与墙面平行站立,脚内侧缘相距10 cm,手臂前平举,记下指尖的标尺位置(O),然后要求测试者体前屈,并尽量向前伸手臂,达到平衡临界点时,检查者记下指尖对应的标尺位置(A),OA 的水平距离即是向前伸及的最远距离。同样的站立姿势，前伸手臂、体背伸，获得向后伸及的最远距离。然后，保持身体矢状面与墙面垂直站立，手臂向左、右侧平举，体侧屈获得向左、右伸展的最远距离，要求双脚不得离开地面或移动[6]。前、后、左、右四个方向的测试均进行 3 次，取平均值作为某一方向上伸展的最远距离，获取前伸及、后伸及、左伸及、右伸及四个指标，前、后、左、右伸及距离的均值（总伸及）经常被作为评价人体自动态平衡能力的有效指标。

4.6.2 伸及能力对老年人平衡能力的影响结果

4.6.2.1 老年人伸及能力基本情况

如表 4.12 所示，老年人伸及能力的球形检验结果表明，数据不满足球形检验（$P=0.025<0.05$）。采用 Greenhouse-Geisser 值（0.755）对自由度进行校正后的重复测量方差分析结果表明，四个方向的伸及能力差异非常显著（$P=0.000<0.01$）。采用 LSD 法进行成对比较，结果表明后伸及、左伸及、右伸及差异不显著，且都低于前伸及（$P=0.000<0.01$）。

表 4.12　老年人前、后、左、右伸及能力对比结果表

	有效样本量*	伸及能力（cm）	Mauchly's W	Approx. Chi-Square	df	P	F	P
前伸及	24	30.6±5.1	0.554	12.829	5	0.025	24.243	0.000
后伸及	24	22.8±3.5#						
左伸及	24	21.5±5.8#						
右伸及	24	23.6±4.4#						

注：* 由于个别老人无法完成或未进行部分测试，致使有效样本量可能低于总样本量。# 表示与前伸及比较具有显著性差异（$P<0.05$），& 表示与后伸及比较具有显著性差异（$P<0.05$），$ 表示与右伸及比较具有显著性差异（$P<0.05$）。

如表 4.13 所示，前伸及、左伸及、右伸及与总伸及均存在较高程度的正相关关系。后伸及与总伸及相关系数不显著。左伸及、右伸及与前伸及均存在较弱的正相关关系，与后伸及不存在相关性。

表 4.13　老年人前、后、左、右伸及能力相关分析结果表

	总伸及	前伸及	后伸及	左伸及
前伸及	0.788**	1		
后伸及	0.299	0.106	1	
左伸及	0.774**	0.572**	−0.246	1
右伸及	0.751**	0.301	0.276	0.479*

注：* 表示 $P<0.05$，** 表示 $P<0.01$。

4.6.2.2　伸及能力对老年人静态平衡能力的影响

如表 4.14 所示，总伸及、前伸及、左伸及、右伸及与静态平衡综合得分不存在相关关系，后伸及与静态平衡综合得分、单足睁眼静态平衡得分存在较弱的正相关关系。几种伸及能力与不同站立状态时的包络面积、轨迹长、单位面积轨迹长都存在不同程度和方向的相关关系，但是没有明显规律可以遵循。

表 4.14　伸及能力与老年人静态平衡能力相关分析结果表

	综合得分	DO 得分	DC 得分	LO 得分	SO 得分	DO-Area	DC-Area	LO-Area	SO-Area
总伸及	0.078	0.265	0.119	−0.398	0.199	−0.397	−0.243	0.259	−0.604**
前伸及	0.244	0.407*	0.243	−0.236	0.282	−0.364	−0.263	0.127	−0.500*
后伸及	0.549**	0.397	0.365	0.203	0.663**	−0.029	−0.267	−0.402	−0.305
左伸及	−0.371	−0.149	−0.080	−0.612**	−0.331	−0.196	−0.064	0.588**	−0.395
右伸及	−0.009	0.179	−0.121	−0.247	0.161	−0.457*	−0.108	0.158	−0.420*

	DO-Lng	DC-Lng	LO-Lng	SO-Lng	DO-Lng/A	DC-Lng/A	LO-Lng/A	SO-Lng/A
总伸及	−0.255	−0.082	0.408*	−0.609**	0.567**	0.141	−0.202	0.506*
前伸及	0.417*	0.214	0.241	0.557**	0.557**	0.067	−0.010	0.551**
后伸及	−0.412*	−0.371	−0.199	−0.343	0.007	−0.147	0.406*	0.374
左伸及	0.182	0.120	0.619**	−0.354	0.491*	0.130	−0.393	0.214
右伸及	−0.169	0.149	0.259	−0.393	0.359	0.281	−0.389	0.258

注：* 表示 $P<0.05$，** 表示 $P<0.01$。

4.6.2.3　伸及能力对老年人动态平衡能力的影响

如表 4.15 所示，总伸及、后伸及、左伸及、右伸及与动态得分不存在相关关系，前伸及与动态得分具有较弱的正相关关系。仅右伸及与旋转速度、最大旋转速度存在正相关关系。几种伸及能力与其他动态平衡指标存在不同程度和方向的相关性，但是没有明显规律可以遵循。

表 4.15 伸及能力与老年人动态平衡能力相关分析结果表

	动态得分	旋转速度	最大旋转速度	水平左	水平中	水平右
总伸及	0.398	0.373	0.216	−0.443*	0.283	0.320
前伸及	0.482*	0.048	−0.138	−0.238	0.380	−0.044
后伸及	0.335	0.022	−0.099	−0.244	0.151	0.180
左伸及	0.209	0.278	0.261	−0.281	0.134	0.246
右伸及	0.059	0.655**	0.530**	−0.455*	0.088	0.521**
	垂直前	垂直中	垂直后	3 区	4 区	中心区
总伸及	0.581**	0.286	−0.627**	−0.351	−0.441*	0.400
前伸及	0.420*	0.292	−0.508*	−0.455*	−0.494*	0.485*
后伸及	0.434*	0.279	−0.511*	−0.247	−0.405*	0.333
左伸及	0.249	0.251	−0.350	−0.200	−0.230	0.214
右伸及	0.537**	−0.057	−0.374	−0.035	−0.087	0.055

注：* 表示 $P<0.05$，** 表示 $P<0.01$。

4.6.3 讨论

老年人的伸及能力与生活中的站立、屈体时的伸手拿物等动作密切相关，因此在一定程度上可以评估老年人的自理能力。研究发现，后伸及、左伸及、右伸及三者差异不显著，且都低于前伸及（$P=0.000<0.01$），说明老年人前伸及能力最强，后伸及、左伸及、右伸及能力较弱且差异不大。这意味着老年人拿前方物体时的安全系数最高。

前伸及、左伸及、右伸及与总伸及均存在较高程度的正相关关系，后伸及与总伸及相关系数不显著，说明对总体伸及能力贡献较大的是前、左、右伸及能力，后伸及能力对总体伸及能力几乎没有贡献。左伸及、右伸及与前伸及均存在较弱的正相关关系，与后伸及不存在相关性。这说明侧向伸及能力与前伸及能力存在较弱的正相关关系，与后伸及能力无关。

总伸及、前伸及、左伸及、右伸及与静态平衡综合得分不存在相关关系，后伸及与静态平衡综合得分、单足睁眼静态平衡得分存在较弱的正相关关系。这说明后伸及能力与静态平衡综合能力尤其是单足睁眼时的静态平衡能力存在较弱的正相关关系。

多向伸及试验是通过身体向各个方向的伸展能力评估人体动态平衡能力的较为常规的测量方法。通常采用前、后、左、右四个方向的伸及均值（本书中的总伸及）作为动态平衡能力的评估指标。但是本书并未发现伸及能力与动态平衡能力具有很高的相关关系。本书中，总伸及、后伸及、左伸及、右伸及与动态得分不存在相关关系，仅前伸及与动态得分存在较弱的正相关关系。这说明前伸及能力与动态平衡能力存在较弱的正相关关系。可能有两个因素会影响到这一结果：① 伸及能力受人体的身高、臂长、力量、柔韧等多个因素影响，干扰因素过多；② 动态平衡的类型具有多样性，从动作形式方面可分为行走或跑步中的动态平衡、站立时的动态平衡、坐位时的动态平衡等，从有无干扰力方面可分为自动态平衡、他动态平衡等。本书测试的动态平衡属于站立时的自动态平衡，主要评估下肢的平衡控制能力。虽然伸及能力也属于站立时的自动态平衡测试方法，但是其主要评估整个身体的平衡控制能力，而非单纯的下肢的平衡控制能力，因此可能会造成两者相关关系不够密切。

4.6.4　小结

老年人前伸及能力最高，后伸及、左伸及、右伸及能力较低且差异不大，这意味着老年人拿前方物体时的安全系数最高。仅后伸及能力与老年人的静态平衡综合能力尤其是单足睁眼时的静态平衡能力存在较弱的正相关关系。仅前伸及能力与老年人的动态平衡能力存在较弱的正相关关系。

4.7　感知觉对老年人平衡能力的影响研究

感知觉又称为一般知觉，是客观事物作用于人的感觉器官后在大脑形成的整体反映[135-137]。人的皮肤除了能够感受外界刺激外，还能辨别多个刺激间的空间位置，这种能力被称为触觉空间辨别能力，属于皮肤感知觉范畴。人体静止站立或运动过程中所承受的足底压力可以被认为是外界刺激对皮肤产生的多点刺激，因此，触觉空间辨别能力有利于对足底压力分布的精确控制，可能会对人体静态或动态平衡产生一定的影响。空间感知觉是客观事物的空间特征在大脑形成的整体反映，具体包括形状、大小、方位、距离等。人在静止站立或运动过程中都要对自己和外界环境有较为精确的空间感知，这样才有利于维持静态或动态平衡。因此人的空间感知能力可能会对人体静态或动态平衡产生一定的影响。感知觉受外周和中枢神经功能的影响，但是衰老会使人的神经系统发生退行性变化，进而引起老年人的感知能力下降。本书通过对老年人触觉空间辨别能力、空间感知觉能力以及平衡能力的测量与分析，探索感知觉对老年人平衡能力的影响情况。

4.7.1 感知觉的实验测试

触觉空间辨别能力的测量经常采用两点阈测试法[138]。测试仪器采用EP506型两点阈测定仪。测试部位：手背、脚背。测量方法：要求受试者端坐在椅子上，两眼不可观察测试过程，从两点阈测定仪的两刺激点距离为40 mm处起测，测试时两个刺激点同时以同样大小的力量垂直刺激手背(或脚背)皮肤，让受试者感知有几个刺激点，若回答为两个，缩小距离后再测；若回答为一个，扩大距离后再测，两个点与一个点的临界距离为最终测试结果，左手、右手、左脚、右脚各测三次取均值，左手与右手再取均值作为手两点阈值，左脚、右脚再取均值作为足两点阈值。

空间感知觉测量采用的是距离感知反馈测量法[139-141]。方法与步骤如下：① 在平整地面上画两条距离为45 cm的平行线，一端作为起点线，另一端作为终点线。要求受试者穿平底鞋，鞋尖抵起点线，首先睁眼判断终点线的位置和距离，然后抬右脚向前跨过终点线，提示受试者鞋跟最后端与终点线齐平时为最好，跨步时不得犹豫，判断好后要以平时行走的方式跨步，记录鞋跟最后端与终点线之间的垂直距离作为测试结果，这一距离也是实际跨步长与期望跨步长(45 cm)的差值，本书称之为"差值距离"，差值距离越大，说明空间感知觉越差。测3次取均值作为睁眼向前的测试结果。以类似的方法，睁眼判断终点线的位置和距离后，闭眼向前跨步，最终获取闭眼向前的差值距离。② 画两条距离为35 cm的平行线，鞋跟抵起点线，睁眼判断后，分别睁眼、闭眼向后跨步，最终获取睁眼向后、闭眼向后的差值距离。

4.7.2 感知觉对老年人平衡能力的影响结果

4.7.2.1 老年人感知觉基本情况

如表4.16所示，老年人手两点阈值明显高于足两点阈值($P=0.000<0.01$)。手两点阈值平均为24.6 mm，足两点阈值平均为20.1 mm，手两点阈值比足两点阈值高4.5 mm。

表4.16 老年人手、足触觉空间辨别能力对比结果表

手两点阈值(mm)	足两点阈值(mm)	有效样本量	t	df	P
24.6±7.1	20.1±5.1	28	4.267	27	0.000

对空间感知觉的测量共考虑了两个因素：视觉、方向。视觉包括睁眼、闭眼

两个水平，方向包括前方、后方两个水平，因此形成了睁眼前方（睁眼向前跨步测试结果）、闭眼前方（闭眼向前跨步测试结果）、睁眼后方（睁眼向后跨步测试结果）、闭眼后方（闭眼向后跨步测试结果）四个组合，为有两个重测因素的重复测量实验设计[142,143]。采用两个重测因素的重复测量方差分析，检验重测因素的主效应和交互作用（表 4.17）。

表 4.17　空间感知觉重复测量方差分析表

方差来源	方差	*df*	均方	*F*	Sig.
视觉	38.491	1	38.491	16.786	0.001
Error(视觉)	48.154	21	2.293		
方向	0.077	1	0.077	0.046	0.832
Error(方向)	35.128	21	1.673		
视觉 * 方向	6.655	1	6.655	21.468	0.000
Error(视觉 * 方向)	6.510	21	0.310		

视觉的主效应非常显著（$P=0.000<0.01$），方向的主效应不显著（$P=0.832>0.05$），视觉与方向的交互作用非常显著（$P=0.000<0.01$）。视觉、方向交互作用结果见图 4.2。交互作用显著时，需要对视觉、方向分别进行单独效应分析（表 4.18）。

如图 4.2 所示，视觉与方向的交互作用主要表现在两个方面：睁眼时向前的差值距离小于向后的差值距离，闭眼时向前的差值距离大于向后的差值距离；向前跨步和向后跨步时，都是睁眼的差值距离小于闭眼的差值距离，但是向前跨步时的睁眼与闭眼差值距离之差（3.69－1.82＝1.87 cm）大于向后跨步时的睁眼与闭眼差值距离之差（3.20－2.43＝0.77 cm）。

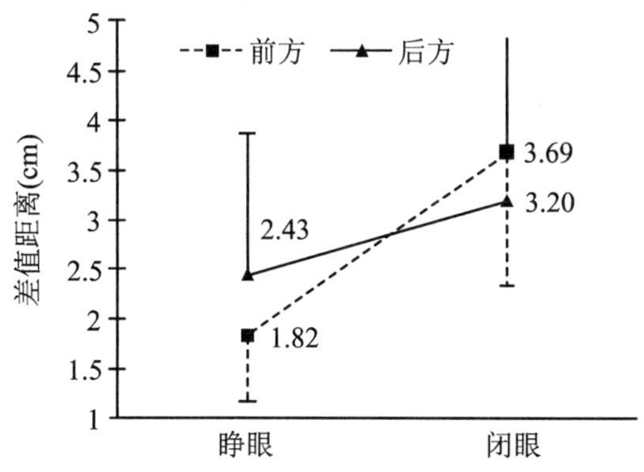

图 4.2　视觉、方向交互作用结果图

如表 4.18 所示，单独效应分析结果如下：睁眼时，向前跨步的差值距离低于向后跨步的差值距离（$P<0.05$）；闭眼时，向前与向后跨步差值距离的差异不显著（$P>0.05$）；向前跨步和向后跨步时，睁眼时的差值距离低于闭眼时的差值距离（$P<0.05$）。

表 4.18 视觉、方向的单独效应分析结果表

	睁眼		闭眼	
	前方	后方	前方	后方
差值距离（cm）	1.82±0.69&,#	2.43±1.44*	3.69±1.32*	3.20±1.63#

注：* 表示与睁眼前方比较差异具有显著性（$P<0.05$），# 表示与睁眼后方比较具有显著性差异（$P<0.05$），& 表示与闭眼前方比较具有显著性差异（$P<0.05$）。

如表 4.19 所示，老年人手两点阈与足两点阈有中等程度的正相关关系（$r=0.624$，$P<0.01$），手、足两点阈与闭眼后方具有较弱的正相关关系（$r=0.500$，$P<0.05$；$r=0.493$，$P<0.05$）。

表 4.19 老年人感知觉指标相关分析结果表

	手两点阈	足两点阈	睁眼前方	闭眼前方	睁眼后方
足两点阈	0.624**	1			
睁眼前方	−0.010	−0.194	1		
闭眼前方	0.365	0.384	−0.065	1	
睁眼后方	0.371	−0.203	0.377	−0.223	1
闭眼后方	0.500*	0.493*	−0.003	0.164	0.387

注：* 表示 $P<0.05$，** 表示 $P<0.01$。

4.7.2.2 感知觉对老年人静态平衡能力的影响

如表 4.20 所示，手两点阈、空间感知觉指标与静态平衡综合得分的相关系数不显著，足两点阈与静态平衡综合得分、双足睁眼静态得分、双足闭眼静态得分、单足睁眼静态得分都存在负相关关系。闭眼后方与双足睁眼静态得分、双足闭眼静态得分存在负相关关系。

表 4.20　伸及能力与老年人静态平衡能力相关分析结果表

	综合得分	DO 得分	DC 得分	LO 得分	SO 得分	DO-Area	DC-Area	LO-Area	SO-Area
手两点阈	−0.130	−0.046	−0.239	0.520**	−0.363	−0.188	−0.046	−0.593**	0.098
足两点阈	−0.673**	−0.411*	−0.515**	−0.024	−0.716**	−0.222	0.007	0.032	−0.018
睁眼前方	−0.143	0.021	0.166	−0.294	−0.329	0.232	−0.145	0.047	0.646**
闭眼前方	−0.098	0.177	−0.141	−0.053	−0.244	−0.412*	−0.066	−0.313	0.284
睁眼后方	0.156	−0.125	0.197	0.257	0.095	0.339	0.074	−0.270	0.241
闭眼后方	−0.353	−0.461*	−0.571**	0.173	−0.217	−0.131	0.548**	−0.308	0.132

	DO-Lng	DC-Lng	LO-Lng	SO-Lng	DO-Lng/A	DC-Lng/A	LO-Lng/A	SO-Lng/A
手两点阈	0.050	0.026	−0.507**	0.213	0.014	−0.186	0.666**	−0.484**
足两点阈	0.422*	0.189	0.035	0.151	0.193	0.139	0.271	−0.464*
睁眼前方	−0.014	−0.178	0.277	0.599**	0.010	−0.363	0.126	−0.556**
闭眼前方	−0.197	0.051	0.058	0.385	0.368	0.344	0.537**	−0.157
睁眼后方	0.143	−0.223	−0.267	0.233	−0.250	−0.442*	0.435*	−0.060
闭眼后方	0.449*	0.574**	−0.189	0.174	−0.127	−0.179	0.534**	−0.233

注：* 表示 $P<0.05$，** 表示 $P<0.01$。

4.7.2.3　感知觉对老年人动态平衡能力的影响

如表 4.21 所示，触觉空间辨别能力、空间感知觉指标与动态得分的相关系数均不显著，与其他大部分动态平衡指标也不具有显著的相关性。

表 4.21　感知觉与老年人动态平衡能力相关分析结果表

	动态得分	旋转速度	最大旋转速度	水平左	水平中	水平右
手两点阈	−0.102	−0.016	−0.126	0.519**	−0.282	−0.355
足两点阈	−0.067	−0.011	−0.011	0.418*	−0.120	−0.404*
睁眼前方	0.217	−0.307	−0.275	−0.500*	0.243	0.433*
闭眼前方	0.351	−0.416*	−0.294	0.045	0.441*	−0.479*
睁眼后方	−0.124	−0.272	−0.207	0.183	−0.330	0.058
闭眼后方	−0.374	0.173	0.084	0.493*	−0.464*	−0.214

	垂直前	垂直中	垂直后	3 区	4 区	中心区
手两点阈	−0.288	−0.032	0.238	0.071	0.146	−0.112
足两点阈	−0.237	0.003	0.175	0.000	0.125	−0.071
睁眼前方	0.074	0.302	−0.249	−0.126	−0.307	0.224
闭眼前方	−0.285	0.230	0.072	−0.393	−0.268	0.341
睁眼后方	−0.259	0.122	0.065	0.199	0.051	−0.120
闭眼后方	0.192	−0.297	0.042	0.415*	0.311	−0.375

注：* 表示 $P<0.05$，** 表示 $P<0.01$。

4.7.3 讨论

本书采用的触觉空间辨别能力测量方法为两点阈测试法，两点阈值越大，说明触觉空间辨别能力越差，因此，两点阈值属于低优指标。空间感知觉测量采用的是距离感知反馈测量法，差值距离越大，说明空间感知能力越差，因此，差值距离也属于低优指标。

老年人手两点阈值明显比足两点阈值大 4.5 mm($P<0.01$)，说明老年人足的触觉空间辨别能力优于手。

向前跨步和向后跨步时，都是睁眼的差值距离小于闭眼的差值距离，睁眼向前跨步的差值距离小于向后的差值距离，闭眼向前跨步的差值距离大于向后的差值距离，说明睁眼时的空间感知能力高于闭眼时的空间感知能力，睁眼向前跨步时的空间感知能力高于向后时的空间感知能力，闭眼向后跨步时的空间感知能力高于向前时的空间感知能力。

老年人手两点阈与足两点阈有中等程度的正相关关系($r=0.624$，$P<0.01$)，说明老年人手和足的触觉空间辨别能力具有中等程度的正相关关系。老年人手、足两点阈与闭眼后方具有较弱的正相关关系，说明老年人手、足的触觉空间辨别能力越强，闭眼向后跨步时的空间感知能力越高。

手两点阈、空间感知觉指标与静态平衡综合得分的相关系数不显著，足两点阈与静态平衡综合得分、双足睁眼静态得分、双足闭眼静态得分、单足睁眼静态得分都存在负相关关系。由于两点阈值为低优指标，这说明老年人手的触觉空间辨别能力与静态平衡综合能力无关，足的触觉空间辨别能力与静态平衡综合能力、双足睁眼静态平衡能力、双足闭眼静态平衡能力、单足睁眼静态平衡能力具有正相关关系，老年人足的触觉空间辨别能力越强(两点阈值越小)，静态平衡综合能力、双足睁眼静态平衡能力、双足闭眼静态平衡能力、单足睁眼静态平衡能力越好。闭眼后方与双足睁眼静态得分、双足闭眼静态得分存在负相关关系，说明闭眼向后跨步的差值距离越小，也就是闭眼向后跨步的空间感知能力越强，双足睁眼或双足闭眼站立时的静态平衡能力越好。

触觉空间辨别能力、空间感知觉指标与动态得分的相关系数均不显著，与其他大部分动态平衡指标也不具有显著的相关性。这说明老年人的感知觉对老年人原地站立时的自动态平衡能力没有影响。本书采用的空间感知觉测量方法为距离感知反馈测量法，该测量方法主要与视觉和跨步方向有关，可能会与行走或跑步过程中的自动态平衡能力关系密切，从动作形式上与原地站立时的自动态平衡能力关系不大。这可能是空间感知觉与老年人原地站立时的自动态平衡能力无关的原因。

4.7.4　小结

老人手和足的触觉空间辨别能力具有中等程度的正相关关系，足的触觉空间辨别能力优于手；老人睁眼时的空间感知能力高于闭眼时的空间感知能力，睁眼向前跨步时的空间感知能力高于向后时的空间感知能力，闭眼向后跨步时的空间感知能力高于向前时的空间感知能力；老人手、足的触觉空间辨别能力越强，闭眼向后跨步时的空间感知能力越高；老人足的触觉空间辨别能力越强，静态平衡综合能力、双足睁眼静态平衡能力、双足闭眼静态平衡能力、单足睁眼静态平衡能力就越好；闭眼向后跨步的空间感知能力越强，双足睁眼或双足闭眼站立时的静态平衡能力越好；老年人的感知觉对老年人原地站立时的自动态平衡能力没有影响。

4.8　老年人平衡能力影响因素的多元回归分析

反应速度、动作速度、姿势应力、伸及能力、感知觉等可能会对老年人静态平衡能力或动态平衡能力有一定的预测作用。因此，采用逐步回归法对老年人静态平衡能力和动态平衡能力进行了预测分析。

4.8.1　老年人静态平衡能力影响因素的多元回归分析

自变量：反应速度（手反应时、足反应时）、动作速度（上肢动作速度、下肢动作速度）、姿势应力（前应力、后应力、侧应力）、伸及能力（总伸及、前伸及、后伸及、左伸及、右伸及）、感知觉（手两点阈、足两点阈、睁眼前方、闭眼前方、睁眼后方、闭眼后方）。

因变量：静态平衡综合得分。

逐步回归共运行了 9 步，产生了 9 个预测模型。

R^2 为判定系数，是因变量与所有自变量的复相关系数的平方，反映了因变量与所有自变量的线性相关程度，也反映了样板数据与拟合数据（预测数据）的相关程度。但是在多元回归分析中，采用调整后的 R^2 而非 R^2 作为回归方程拟合优度的指标。因为有两个原因可能会导致 R^2 值增加：一是 R^2 在自变量增多时，*DDE* 会减少，进而导致 R^2 增加；二是当回归方程中引入对因变量有重要贡献的自变量时，R^2 也会增加。在线性回归分析中，希望 R^2 较高的主要原因是想要找到那些对因变量有贡献的自变量，进而分析它们之间线性变换的数量关系。因此当R^2增加时，要对增加的原因进行区分。当某个自变量被引入回归方程后，如果它对因变量贡献较大，那么会使 SSE 减小，并使平均 SSE 减小，使调整后的R^2变大；如果它对因变量贡献不大，那么会使 SSE 减小，但是不会使平均的 SSE 减小，调整后的R^2不会改变。因此，调整后的R^2比R^2更能够准确反映回归方程的拟合优度。

如表 4.22 所示，足两点阈与静态平衡综合得分相关性最高，因此第 1 步进入回归模型，调整后的R^2为 0.536。第 2 步回归引入与静态平衡综合得分相关性依然较高的闭眼后方（空间感知觉指标），此时调整后的R^2为 0.636。第 3 步回归再引入总伸及，调整后的R^2已经达到了较高水平，为 0.812。第 4 步回归再引入睁眼前方（空间感知觉指标），调整后的R^2更高，达到了 0.917。最后第 9 步回归引入到手两点阈时，调整后的R^2已经达到了 1。因此，从第 4 步开始，回归模型已经非常好了。

表 4.22 模型摘要

模型	R	R^2	调整后的R^2	标准估算的误差
1	0.750[a]	0.563	0.536	5.11
2	0.824[b]	0.679	0.636	4.52
3	0.919[c]	0.845	0.812	3.25
4	0.968[d]	0.936	0.917	2.16
5	0.985[e]	0.971	0.959	1.52
6	0.985[f]	0.971	0.962	1.47
7	0.992[g]	0.984	0.977	1.13
8	1.000[h]	0.999	0.999	0.26
9	1.000[i]	1.000	1.000	0.03

注：a. 预测变量：（常量）足两点阈。

b. 预测变量：（常量）足两点阈，闭眼后方。

c. 预测变量：（常量）足两点阈，闭眼后方，总伸及。

d. 预测变量：（常量）足两点阈，闭眼后方，总伸及，睁眼前方。

e. 预测变量：（常量）足两点阈，闭眼后方，总伸及，睁眼前方，左伸及。

f. 预测变量：（常量）足两点阈，闭眼后方，睁眼前方，左伸及。

g. 预测变量：（常量）足两点阈，闭眼后方，睁眼前方，左伸及，后应力。

h. 预测变量：（常量）足两点阈，闭眼后方，睁眼前方，左伸及，后应力，下肢动作速度。

i. 预测变量：（常量）足两点阈，闭眼后方，睁眼前方，左伸及，后应力，下肢动作速度，手两点阈。

如表 4.23 所示，9 步回归分析过程中，回归方程均非常显著。这说明每引入新的变量进入模型，都具有显著性意义。

表4.23　回归方程的方差分析表

模型		平方和	自由度	均方	F	显著性
	回归	537.427	1	537.427	20.615	0.000
1	残差	417.111	16	26.069		
	总计	954.538	17			
	回归	647.735	2	323.868	15.834	0.000
2	残差	306.802	15	20.453		
	总计	954.538	17			
	回归	806.368	3	268.789	25.397	0.000
3	残差	148.170	14	10.584		
	总计	954.538	17			
	回归	893.612	4	223.403	47.669	0.000
4	残差	60.925	13	4.687		
	总计	954.538	17			
	回归	926.676	5	185.335	79.824	0.000
5	残差	27.862	12	2.322		
	总计	954.538	17			
	回归	926.573	4	231.643	107.683	0.000
6	残差	27.965	13	2.151		
	总计	954.538	17			
	回归	939.126	5	187.825	146.246	0.000
7	残差	15.412	12	1.284		
	总计	954.538	17			
	回归	953.791	6	158.965	2340.593	0.000
8	残差	0.747	11	0.068		
	总计	954.538	17			
	回归	954.528	7	136.361	134442.151	0.000
9	残差	0.010	10	0.001		
	总计	954.538	17			

容差(容忍度)和方差膨胀因子(VIF)是测量自变量间的多重共线性常用的指标。所谓多重共线性是指自变量之间存在线性相关关系的现象。若存在

多重共线性，会造成偏回归系数估计困难，偏回归系数估计方差随自变量相关性增大而增大，偏回归系数的置信区间增大，偏回归系数估计值的不稳定性增强，偏回归系数的假设检验结果不显著等。容忍度和 *VIF* 互为倒数，一般而言，若某自变量的 *VIF* 大于或等于 10，说明该自变量与其余自变量间存在严重的多重共线性。本书中，第 5 步回归分析中的左伸及和第 9 步回归分析中的闭眼后方的 *VIF* 分别为 15.731、23.588(表 4.24)，说明这两个变量在对应回归分析中可能存在多重共线性。

9 步回归分析中，对静态平衡综合得分的回归预测方程分别为

$\hat{y}_1$=93.434－1.066×足两点阈

$\hat{y}_2$=94.441－1.380×足两点阈＋1.699×闭眼后方

$\hat{y}_3$=69.216－1.660×足两点阈＋3.022×闭眼后方＋1.128×总伸及

$\hat{y}_4$=80.378－1.804×足两点阈＋3.051×闭眼后方＋1.029×总伸及－3.213×睁眼前方

$\hat{y}_5$=95.292－2.414×足两点阈＋4.528×闭眼后方－0.068×总伸及－4.017×睁眼前方＋0.981×左伸及

$\hat{y}_6$=94.245－2.386×足两点阈＋4.467×闭眼后方－3.971×睁眼前方＋0.931×左伸及

$\hat{y}_7$=87.409－2.371×足两点阈＋4.712×闭眼后方－3.452×睁眼前方＋0.978×左伸及＋0.051×后应力

$\hat{y}_8$=87.407－2.608×足两点阈＋5.801×闭眼后方－3.008×睁眼前方＋1.177×左伸及＋0.123×后应力－0.187×下肢动作速度

$\hat{y}_9$=83.984－2.648×足两点阈＋6.256×闭眼后方－2.838×睁眼前方＋1.223×左伸及＋0.142×后应力－0.225×下肢动作速度－0.070×手两点阈

标准化回归系数是将因变量和所有自变量都进行标准化后进行回归分析的回归系数，它反映了在目前的样本特征下(因为标准化回归系数受自变量离散程度的影响)自变量对因变量影响程度的大小，标准化回归系数的绝对值越大，该自变量对因变量的影响越大。

9 步回归分析中，对静态平衡综合得分的标准化回归预测方程分别为

$\hat{y}_1$=－0.750×足两点阈

$\hat{y}_2$=－0.971×足两点阈＋0.405×闭眼后方

$\hat{y}_3$=－1.169×足两点阈＋0.721×闭眼后方＋0.487×总伸及

$\hat{y}_4$=－1.270×足两点阈＋0.728×闭眼后方＋0.444×总伸及－0.322×睁眼前方

$\hat{y}_5$＝－1.700×足两点阈＋1.081×闭眼后方－0.029×总伸及－0.402×睁眼前方＋0.738×左伸及

$\hat{y}_6$＝－1.680×足两点阈＋1.066×闭眼后方－0.397×睁眼前方＋0.701×左伸及

$\hat{y}_7$＝－1.670×足两点阈＋1.125×闭眼后方－0.346×睁眼前方＋0.736×左伸及＋0.135×后应力

$\hat{y}_8$＝－1.836×足两点阈＋1.384×闭眼后方－0.301×睁眼前方＋0.885×左伸及＋0.324×后应力－0.229×下肢动作速度

$\hat{y}_9$＝－1.864×足两点阈＋1.493×闭眼后方－0.284×睁眼前方＋0.921×左伸及＋0.377×后应力－0.274×下肢动作速度－0.065×手两点阈

除第 5 步回归方程中“总伸及”的回归系数的显著性检验结果不显著外，其余所有引入模型的自变量在预测静态平衡得分时均非常显著。第 5 步新引入“左伸及”后，原有“总伸及”变得不显著，在第 6 步回归分析中将“总伸及”剔除。因此，除了第 5 步回归方差中有多余的预测变量外，其余的回归方程都可以对静态平衡综合得分进行预测。

表 4.24　回归系数表

模型		未标准化系数		标准化系数	t	显著性	共线性统计	
		B	标准误差	$Beta$			容差	VIF
1	（常量）	93.434	5.024		18.599	0.000		
	足两点阈	－1.066	0.235	－0.750	－4.540	0.000	1.000	1.000
2	（常量）	94.441	4.471		21.124	0.000		
	足两点阈	－1.380	0.248	－0.971	－5.564	0.000	0.703	1.422
	闭眼后方	1.699	0.731	0.405	2.322	0.035	0.703	1.422
3	（常量）	69.216	7.266		9.526	0.000		
	足两点阈	－1.660	0.193	－1.169	－8.623	0.000	0.603	1.657
	闭眼后方	3.022	0.627	0.721	4.816	0.000	0.495	2.022
	总伸及	1.128	0.291	0.487	3.872	0.002	0.701	1.426
4	（常量）	80.378	5.484		14.658	0.000		
	足两点阈	－1.804	0.132	－1.270	－13.627	0.000	0.565	1.769
	闭眼后方	3.051	0.418	0.728	7.307	0.000	0.494	2.023
	总伸及	1.029	0.195	0.444	5.271	0.000	0.692	1.446
	睁眼前方	－3.213	0.745	－0.322	－4.315	0.001	0.884	1.132

续表

模型		未标准化系数		标准化系数	t	显著性	共线性统计	
		B	标准误差	Beta			容差	VIF
5	（常量）	95.292	5.524		17.250	0.000		
	足两点阈	−2.414	0.187	−1.700	−12.932	0.000	0.141	7.103
	闭眼后方	4.528	0.489	1.081	9.252	0.000	0.178	5.608
	总伸及	−0.068	0.321	−0.029	−0.211	0.836	0.126	7.915
	睁眼前方	−4.017	0.566	−0.402	−7.100	0.000	0.758	1.319
	左伸及	0.981	0.260	0.738	3.774	0.003	0.064	15.731
6	（常量）	94.245	2.342		40.244	0.000		
	足两点阈	−2.386	0.126	−1.680	−18.926	0.000	0.286	3.496
	闭眼后方	4.467	0.382	1.066	11.689	0.000	0.271	3.692
	睁眼前方	−3.971	0.502	−0.397	−7.907	0.000	0.892	1.121
	左伸及	0.931	0.107	0.701	8.710	0.000	0.348	2.873
7	（常量）	87.409	2.838		30.796	0.000		
	足两点阈	−2.371	0.098	−1.670	−24.312	0.000	0.285	3.505
	闭眼后方	4.712	0.306	1.125	15.424	0.000	0.253	3.952
	睁眼前方	−3.452	0.422	−0.346	−8.179	0.000	0.754	1.326
	左伸及	0.978	0.084	0.736	11.649	0.000	0.337	2.968
	后应力	0.051	0.016	0.135	3.126	0.009	0.718	1.393
8	（常量）	84.407	0.684		123.420	0.000		
	足两点阈	−2.608	0.028	−1.836	−94.411	0.000	0.188	5.318
	闭眼后方	5.801	0.102	1.384	56.811	0.000	0.120	8.347
	睁眼前方	−3.008	0.102	−0.301	−29.588	0.000	0.687	1.455
	左伸及	1.177	0.024	0.885	49.936	0.000	0.226	4.419
	后应力	0.123	0.006	0.324	19.941	0.000	0.269	3.722
	下肢动作速度	−0.187	0.013	−0.229	−14.694	0.000	0.294	3.401

续表

模型		未标准化系数		标准化系数	t	显著性	共线性统计	
		B	标准误差	Beta			容差	VIF
9	（常量）	83.984	0.085		987.633	0.000		
	足两点阈	−2.648	0.004	−1.864	−720.412	0.000	0.159	6.300
	闭眼后方	6.256	0.021	1.493	298.211	0.000	0.042	23.588
	睁眼前方	−2.838	0.014	−0.284	−203.960	0.000	0.548	1.826
	左伸及	1.223	0.003	0.921	364.173	0.000	0.166	6.013
	后应力	0.142	0.001	0.377	135.824	0.000	0.138	7.234
	下肢动作速度	−0.225	0.002	−0.274	−107.942	0.000	0.165	6.058
	手两点阈	−0.070	0.003	−0.065	−26.955	0.000	0.181	5.524

特征根和方差比是诊断自变量间是否存在严重的多重共线性的另一种方法。其基本思想是:如果自变量间的确存在较强的相关性,那么自变量之间必然存在信息重叠,于是应该能够将这些重叠信息提取出来,成为既能够反映自变量信息又能够相互独立的成分(类似主成分分析)。因此,可以根据自变量间的相关矩阵,计算相关系数矩阵的特征根。有最大特征值的特征根能够解释自变量信息的比例最高。如果最大特征根的值远远大于其他特征根的值,则说明这些自变量间具有较多的重叠信息,因为仅通过一个特征根就基本解释了所有自变量的大部分信息。把变量标准化后的方差为 1。如果每个特征根都能反映某自变量方差的一部分,那么所有特征根就反映了该自变量的全部方差。如果某个特征根同时能够反映两个及以上自变量的较大部分方差,则表明这两个自变量间存在较强的共线性。

另外,条件指数是根据特征根计算而来的,也是反映多重共线性的指标,是最大特征根与某个特征根比的平方根。因此,条件指数是反映最大特征根与其余特征根差异大小的指标。差异越大,条件指数就越大,自变量间信息重叠较多,多重共线性就越严重。通常当 0≤条件指数<10 时,多重共线性较弱;当 10≤条件指数<100 时,多重共线性较强;当条件指数≥100 时,多重共线性很严重。

如表 4.25 和表 4.26 所示,从第 5 步回归分析开始,回归模型都存在较为严重的多重共线性,主要表现在某个特征根同时能够反映两个及以上自变量的较大部分方差、最大条件指数总体变大两个方面。

表 4.25 共线性诊断结果表(1)

模型		特征值	条件指数	方差比例					
				(常量)	足两点阈	闭眼后方	总伸及	睁眼前方	左伸及
1	1	1.971	1.000	0.01	0.01				
	2	0.029	8.227	0.99	0.99				
2	1	2.847	1.000	0.01	0.00	0.02			
	2	0.128	4.710	0.13	0.02	0.79			
	3	0.025	10.752	0.86	0.98	0.19			
3	1	3.788	1.000	0.00	0.00	0.01	0.00		
	2	0.179	4.601	0.01	0.00	0.42	0.01		
	3	0.027	11.876	0.06	0.94	0.26	0.02		
	4	0.006	25.179	0.93	0.05	0.31	0.96		
4	1	4.642	1.000	0.00	0.00	0.00	0.00	0.00	
	2	0.220	4.595	0.00	0.01	0.30	0.00	0.16	
	3	0.111	6.460	0.00	0.04	0.15	0.02	0.51	
	4	0.021	14.727	0.05	0.95	0.30	0.08	0.21	
	5	0.005	29.475	0.94	0.01	0.25	0.90	0.12	
5	1	5.571	1.000	0.00	0.00	0.00	0.00	0.00	0.00
	2	0.247	4.745	0.00	0.00	0.11	0.00	0.03	0.00
	3	0.146	6.182	0.00	0.01	0.00	0.00	0.49	0.00
	4	0.024	15.357	0.05	0.12	0.02	0.02	0.24	0.01
	5	0.011	22.873	0.13	0.19	0.41	0.01	0.02	0.10
	6	0.001	72.808	0.82	0.68	0.46	0.97	0.21	0.88

表 4.26　共线性诊断结果表(2)

模型		特征值	条件指数	方差比例							
				(常量)	足两点阈	闭眼后方	睁眼前方	左伸及	后应力	下肢动作速度	手两点阈
1	1	4.601	1.000	0.00	0.00	0.00	0.01	0.00			
	2	0.234	4.436	0.00	0.00	0.17	0.09	0.01			
	3	0.138	5.764	0.00	0.01	0.02	0.51	0.04			
	4	0.018	16.115	0.88	0.18	0.00	0.39	0.04			
	5	0.009	22.305	0.12	0.80	0.81	0.01	0.90			
2	1	5.507	1.000	0.00	0.00	0.00	0.00	0.00	0.00		
	2	0.248	4.708	0.00	0.00	0.16	0.03	0.01	0.01		
	3	0.149	6.080	0.00	0.01	0.00	0.50	0.01	0.03		
	4	0.079	8.361	0.00	0.03	0.01	0.00	0.08	0.32		
	5	0.010	23.211	0.10	0.91	0.42	0.21	0.42	0.10		
	6	0.007	28.569	0.90	0.05	0.40	0.26	0.48	0.54		
3	1	6.446	1.000	0.00	0.00	0.00	0.00	0.00	0.00	0.00	
	2	0.250	5.082	0.00	0.00	0.08	0.02	0.01	0.01	0.00	
	3	0.150	6.546	0.00	0.00	0.00	0.47	0.00	0.01	0.00	
	4	0.115	7.494	0.00	0.02	0.00	0.00	0.04	0.03	0.06	
	5	0.026	15.719	0.03	0.01	0.00	0.01	0.10	0.20	0.34	
	6	0.009	26.787	0.47	0.42	0.07	0.31	0.05	0.05	0.04	
	7	0.004	41.635	0.51	0.54	0.85	0.18	0.80	0.71	0.56	
4	1	7.405	1.000	0.00	0.00	0.00	0.00	0.00	0.00	0.00	0.00
	2	0.271	5.231	0.00	0.00	0.02	0.02	0.00	0.00	0.00	0.00
	3	0.150	7.016	0.00	0.00	0.00	0.38	0.00	0.01	0.00	0.00
	4	0.115	8.030	0.00	0.02	0.00	0.00	0.03	0.01	0.03	0.00
	5	0.035	14.648	0.00	0.00	0.01	0.00	0.03	0.05	0.12	0.10
	6	0.014	23.363	0.02	0.21	0.00	0.06	0.13	0.05	0.03	0.32
	7	0.009	29.469	0.65	0.18	0.03	0.22	0.00	0.03	0.02	0.05
	8	0.002	60.489	0.33	0.60	0.94	0.32	0.80	0.85	0.79	0.53

第 5 步回归分析中，第 6 个特征根解释总伸及、左伸及、足两点阈、闭眼后

方的方差分别为97%、88%、68%、46%，最大条件指数也非常大，为72.808。第6步回归分析中，第5个特征根解释左伸及、闭眼后方、足两点阈的方差分别为90%、81%、80%，由于剔除了“总伸及”，最大的条件指数变小了，为22.305。第7步回归分析中，第5个特征根解释足两点阈、闭眼后方、左伸及的方差分别为91%、42%、42%，第6个特征根解释后应力、左伸及、闭眼后方的方差分别为54%、48%、40%，最大条件指数比第6步大，为28.569。第8步回归分析中，第7个特征根解释闭眼后方、左伸及、后应力、下肢动作速度、足两点阈的方差分别为85%、80%、71%、56%、54%，最大条件指数进一步变大，为41.635。第9步回归分析中，第8个特征根解释闭眼后方、后应力、左伸及、下肢动作速度、足两点阈、手两点阈的方差分别为94%、85%、80%、79%、60%、53%，最大条件指数变得更大，为60.489。

因此，从第5步回归分析开始，第5～9步回归分析结果均存在不同程度的多重共线性。第4步及之前的回归分析不存在明显的“某个特征根同时能够反映两个及以上自变量的较大部分方差”现象，最大条件指数都在30以内，因此可以认为，第4步及之前的回归分析结果多重共线性不算太严重。结合R^2变化可知，第4步回归分析中，预测变量为足两点阈、闭眼后方、总伸及、睁眼前方时，调整后的R^2为0.917，模型拟合效果已经非常好了。因此，本书采纳第4步的回归预测模型。对静态平衡综合得分的回归方程为：$\hat{y}_4=80.378-1.804\times$足两点阈$+3.051\times$闭眼后方$+1.029\times$总伸及$-3.213\times$睁眼前方，标准化回归方程为：$\hat{y}_4=-1.270\times$足两点阈$+0.728\times$闭眼后方$+0.444\times$总伸及$-0.322\times$睁眼前方。

综上所述，在对静态平衡综合得分的回归预测中，预测变量为足两点阈、闭眼后方、总伸及、睁眼前方时，调整后的R^2为0.917，模型拟合效果非常好，而且不存在多重共线性问题。回归方程为：$\hat{y}_4=80.378-1.804\times$足两点阈$+3.051\times$闭眼后方$+1.029\times$总伸及$-3.213\times$睁眼前方。标准化回归方程为：$\hat{y}_4=-1.270\times$足两点阈$+0.728\times$闭眼后方$+0.444\times$总伸及$-0.322\times$睁眼前方。

4.8.2　老年人动态平衡能力影响因素的多元回归分析

自变量：反应速度（手反应时、足反应时）、动作速度（上肢动作速度、下肢动作速度）、姿势应力（前应力、后应力、侧应力）、伸及能力（总伸及、前伸及、后伸及、左伸及、右伸及）、感知觉（手两点阈、足两点阈、睁眼前方、闭眼前方、睁眼后方、闭眼后方）。

因变量：动态得分。

逐步回归共运行了 7 步，产生了 7 个预测模型。

如表 4.27 所示，侧应力与动态得分相关性最高，第 1 步被引入回归模型，调整后的 R^2 为 0.400。第 2 步回归引入与动态得分相关性依然较高的右伸及，此时调整后的 R^2 为 0.723。第 3 步回归再引入左伸及，调整后的 R^2 已经达到了较高水平，为 0.814。第 4 步回归再引入足两点阈，调整后的 R^2 更高，达到了 0.940。最后第 7 步回归引入到手两点阈时，调整后的 R^2 已经达到了 1。因此，从第 4 步开始，回归模型已经非常好了。

表 4.27　模型摘要

模型	R	R^2	调整后的 R^2	标准估算的误差
1	0.660[a]	0.436	0.400	5963.068
2	0.869[b]	0.756	0.723	4052.825
3	0.920[c]	0.847	0.814	3318.544
4	0.977[d]	0.954	0.940	1880.534
5	0.985[e]	0.971	0.959	1566.805
6	0.996[f]	0.992	0.988	834.721
7	1.000[g]	1.000	1.000	5.487

注：a. 预测变量：(常量)侧应力。

b. 预测变量：(常量)侧应力，右伸及。

c. 预测变量：(常量)侧应力，右伸及，左伸及。

d. 预测变量：(常量)侧应力，右伸及，左伸及，足两点阈。

e. 预测变量：(常量)侧应力，右伸及，左伸及，足两点阈，睁眼前方。

f. 预测变量：(常量)侧应力，右伸及，左伸及，足两点阈，睁眼前方，后应力。

g. 预测变量：(常量)侧应力，右伸及，左伸及，足两点阈，睁眼前方，后应力，前应力。

h. 预测变量：(常量)侧应力，右伸及，左伸及，足两点阈，睁眼前方，后应力，前应力，手两点阈。

如表 4.28 所示，7 步回归分析产生的回归过程均非常显著。这说明每次引入新的变量进入模型，都具有显著性意义。

表 4.28　回归方程的方差分析表

模型		平方和	自由度	均方	F	显著性
1	回归	439233620.2	1	439233620.2	12.353	0.003
	残差	568930840.3	16	35558177.5		
	总计	1008164460.4	17			

续表

模型		平方和	自由度	均方	F	显著性
	回归	761783620.0	2	380891810.0	23.189	0.000
2	残差	246380840.5	15	16425389.4		
	总计	1008164460.4	17			
	回归	853986149.3	3	284662049.8	25.848	0.000
3	残差	154178311.1	14	11012736.5		
	总计	1008164460.4	17			
	回归	962191178.4	4	240547794.6	68.020	0.000
4	残差	45973282.1	13	3536406.3		
	总计	1008164460.4	17			
	回归	978705910.3	5	195741182.1	79.736	0.000
5	残差	29458550.1	12	2454879.2		
	总计	1008164460.4	17			
	回归	1000500104.4	6	166750017.4	239.322	0.000
6	残差	7664356.1	11	696759.6		
	总计	1008164460.4	17			
	回归	1008164159.4	7	144023451.3	4784476.126	0.000
7	残差	301.0	10	30.1		
	总计	1008164460.4	17			

如表4.29所示，第6步回归分析中侧应力的方差膨胀因子（*VIF*）为23.638，第7步回归分析中侧应力、左伸及、后应力的*VIF*分别为54.511、14.832、10.357，均大于10。因此，第6步和第7步可能存在多重共线性。

7步回归分析中，依次引入了侧应力、右伸及、左伸及、足两点阈、睁眼前方、后应力、前应力。每次引入新的变量时，其他变量均未被排除，形成了7个回归方程：

$\hat{y}_1$＝40547.806－194.318×侧应力

$\hat{y}_2$＝23392.279－276.289×侧应力＋1097.315×右伸及

$\hat{y}_3$＝33018.638－398.400×侧应力＋4860.821×右伸及－742.088×左伸及

$\hat{y}_4$＝25129.672－478.085×侧应力＋2518.982×右伸及－1315.492×左伸及＋597.749×足两点阈

$\hat{y}_5$＝34927.218－538.902×侧应力＋2719.990×右伸及－1526.362×左伸及

+561.977×足两点阈−1911.472×睁眼前方

$\hat{y}_6$=41762.495−718.555×侧应力+3102.946×右伸及−2062.248×左伸及+744.673×足两点阈−3327.899×睁眼前方+151.952×后应力

$\hat{y}_7$=48142.691−861.176×侧应力+3184.919×右伸及−2202.402×左伸及+629.105×足两点阈−4987.417×睁眼前方+213.467×后应力+96.660×前应力

表 4.29　回归系数表

模型		未标准化系数		标准化系数	t	显著性	共线性统计	
		B	标准误差	$Beta$			容差	VIF
1	(常量)	40547.806	5338.462		7.595	0.000		
	侧应力	−194.318	55.288	−0.660	−3.515	0.003	1.000	1.000
2	(常量)	23392.279	5305.849		4.409	0.001		
	侧应力	−276.289	41.883	−0.938	−6.597	0.000	0.805	1.242
	右伸及	1097.315	247.623	0.630	4.431	0.000	0.805	1.242
3	(常量)	33018.638	5472.047		6.034	0.000		
	侧应力	−398.400	54.379	−1.353	−7.326	0.000	0.320	3.124
	右伸及	1860.821	332.774	1.069	5.592	0.000	0.299	3.346
	左伸及	−742.088	256.467	−0.543	−2.894	0.012	0.310	3.228
4	(常量)	25129.672	3413.122		7.363	0.000		
	侧应力	−478.085	34.016	−1.624	−14.055	0.000	0.263	3.806
	右伸及	2518.982	222.974	1.447	11.297	0.000	0.214	4.679
	左伸及	1315.492	178.515	−0.963	−7.369	0.000	0.205	4.870
	足两点阈	597.749	108.063	0.409	5.531	0.000	0.640	1.562
5	(常量)	34927.218	4728.181		7.387	0.000		
	侧应力	−538.902	36.784	−1.831	−14.651	0.000	0.156	6.411
	右伸及	2719.990	201.292	1.563	13.513	0.000	0.182	5.493
	左伸及	−1526.362	169.503	−1.118	−9.005	0.000	0.158	6.325
	足两点阈	561.977	91.085	0.385	6.170	0.000	0.625	1.599
	睁眼前方	−1911.472	736.966	−0.186	−2.594	0.023	0.473	2.116

续表

模型		未标准化系数		标准化系数			共线性统计	
		B	标准误差	Beta			容差	VIF
6	（常量）	41762.495	2799.787		14.916	0.000		
	侧应力	−718.555	37.628	−2.441	−19.096	0.000	0.042	23.638
	右伸及	3102.946	127.235	1.783	24.387	0.000	0.129	7.732
	左伸及	−2062.248	131.665	−1.510	−15.663	0.000	0.074	13.446
	足两点阈	744.673	58.497	0.510	12.730	0.000	0.430	2.323
	睁眼前方	−3327.899	467.217	−0.324	−7.123	0.000	0.334	2.996
	后应力	151.952	27.169	0.391	5.593	0.000	0.142	7.064
7	（常量）	48142.691	22.328		2156.143	0.000		
	侧应力	−861.176	0.376	−2.925	−2292.903	0.000	0.018	54.511
	右伸及	3184.919	0.852	1.830	3738.435	0.000	0.125	8.024
	左伸及	−2202.402	0.909	−1.613	−2423.138	0.000	0.067	14.832
	足两点阈	629.105	0.448	0.431	1405.690	0.000	0.318	3.148
	睁眼前方	−4987.417	4.500	−0.486	−1108.374	0.000	0.155	6.433
	后应力	213.467	0.216	0.549	987.236	0.000	0.097	10.357
	前应力	96.660	0.192	0.262	504.580	0.000	0.111	9.002

如表 4.30 所示，从第 3 步回归分析开始，第 3～7 步回归分析中，最后一个特征根同时能够解释侧应力、右伸及、左伸及较大比例的方差，因此多重共线性较为严重。右伸及和左伸及都是测量人体侧向伸及能力的指标，而且相关性又非常高，因此本书剔除左伸及后再次进行逐步回归模型的拟合。

表 4.30 共线性诊断结果表

模型		特征值	条件指数	方差比例							
				（常量）	足两点阈	闭眼后方	睁眼前方	左伸及	后应力	下肢动作速度	手两点阈
1	1	1.965	1.000	0.02	0.02						
	2	0.035	7.462	0.98	0.98						
2	1	2.944	1.000	0.00	0.01	0.00					
	2	0.038	8.762	0.21	0.96	0.07					
	3	0.017	13.057	0.79	0.04	0.93					

续表

模型		特征值	条件指数	方差比例							
				(常量)	足两点阈	闭眼后方	睁眼前方	左伸及	后应力	下肢动作速度	手两点阈
3	1	3.882	1.000	0.00	0.00	0.00	0.00				
	2	0.094	6.423	0.00	0.12	0.00	0.10				
	3	0.019	14.409	0.73	0.02	0.16	0.02				
	4	0.006	26.100	0.26	0.85	0.84	0.87				
4	1	4.827	1.000	0.00	0.00	0.00	0.00	0.00			
	2	0.103	6.857	0.00	0.10	0.00	0.04	0.05			
	3	0.053	9.503	0.00	0.00	0.03	0.05	0.38			
	4	0.013	19.015	1.00	0.09	0.03	0.02	0.22			
	5	0.004	34.552	0.00	0.81	0.94	0.89	0.35			
5	1	5.671	1.000	0.00	0.00	0.00	0.00	0.00	0.00		
	2	0.167	5.829	0.00	0.01	0.00	0.00	0.01	0.29		
	3	0.099	7.565	0.00	0.05	0.00	0.03	0.07	0.03		
	4	0.053	10.349	0.00	0.00	0.03	0.05	0.34	0.00		
	5	0.007	28.704	0.54	0.00	0.22	0.04	0.53	0.23		
	6	0.003	46.112	0.46	0.94	0.75	0.88	0.05	0.45		
6	1	6.622	1.000	0.00	0.00	0.00	0.00	0.00	0.00	0.00	
	2	0.183	6.010	0.00	0.00	0.00	0.00	0.00	0.16	0.01	
	3	0.117	7.515	0.00	0.00	0.00	0.01	0.06	0.06	0.01	
	4	0.056	10.919	0.00	0.00	0.01	0.03	0.19	0.00	0.01	
	5	0.014	22.104	0.01	0.02	0.11	0.01	0.04	0.01	0.34	
	6	0.007	31.161	0.49	0.00	0.11	0.01	0.39	0.18	0.01	
	7	0.001	77.007	0.50	0.97	0.77	0.94	0.33	0.58	0.63	
7	1	7.589	1.000	0.00	0.00	0.00	0.00	0.00	0.00	0.00	0.00
	2	0.191	6.311	0.00	0.00	0.00	0.00	0.00	0.07	0.00	0.00
	3	0.123	7.846	0.00	0.00	0.00	0.01	0.04	0.04	0.00	0.00
	4	0.067	10.631	0.00	0.00	0.01	0.01	0.11	0.00	0.01	0.01
	5	0.017	21.419	0.00	0.00	0.08	0.00	0.07	0.00	0.16	0.05
	6	0.009	29.329	0.25	0.01	0.00	0.01	0.05	0.03	0.06	0.08
	7	0.004	45.417	0.05	0.00	0.39	0.22	0.74	0.06	0.00	0.36
	8	0.001	107.800	0.70	0.98	0.52	0.74	0.00	0.80	0.76	0.49

如表 4.31 所示，逐步回归进行了两步，第 1 步纳入了侧应力，第 2 步又纳入了右伸及。第 2 步调整后的 R^2 为 0.723，属于较高水平，说明模型拟合效果较好。

表 4.31 模型摘要

模型	R	R^2	调整后的 R^2	标准估算的误差
1	0.660[a]	0.436	0.400	5963.07
2	0.869[b]	0.756	0.723	4052.82

注：a. 预测变量：（常量）侧应力。

b. 预测变量：（常量）侧应力，右伸及。

如表 4.32 所示，两步回归分析产生的回归过程均非常显著。这说明每次引入新的变量进入模型，都具有显著性意义。

表 4.32 回归方程的方差分析表

模型		平方和	自由度	均方	F	显著性
1	回归	439233620.2	1	439233620.2	12.353	0.003
	残差	568930840.3	16	35558177.5		
	总计	1008164460.4	17			
2	回归	761783620.0	2	380891810.0	23.189	0.000
	残差	246380840.5	15	16425389.4		
	总计	1008164460.4	17			

如表 4.33 所示，两步回归方程自变量对应的容差均较大，方差膨胀因子（VIF）均较小，不存在多重共线性，形成了 2 个回归方程：

$$\hat{y}_1 = 40547.806 - 194.318 \times \text{侧应力}$$

$$\hat{y}_2 = 23392.279 - 276.289 \times \text{侧应力} + 1097.315 \times \text{右伸及}$$

表 4.33 回归系数表

模型		未标准化系数		标准化系数	t	显著性	共线性统计	
		B	标准误差	$Beta$			容差	VIF
1	（常量）	40547.806	5338.462		7.595	0.000		
	侧应力	−194.318	55.288	−0.660	−3.515	0.003	1.000	1.000
2	（常量）	23392.279	5305.849		4.409	0.001		
	侧应力	−276.289	41.883	−0.938	−6.597	0.000	0.805	1.242
	右伸及	1097.315	247.623	0.630	4.431	0.000	0.805	1.242

标准化回归系数是将因变量和所有自变量都进行标准化后进行回归分析的回归系数，反映了在目前的样本特征下(因为标准化回归系数受自变量离散程度的影响)，自变量对因变量影响程度的大小，标准化回归系数的绝对值越大，该自变量对因变量的影响就越大。从第 2 步回归分析中可知，侧应力的标准化回归系数为－0.938，右伸及的标准化回归系数为 0.630，因此，侧应力对动态得分影响较大，侧应力越大，动态得分越小，动态平衡能力越弱；右伸及能力对动态得分的影响相对偏弱，右伸及能力越大，动态得分越大，动态平衡能力越强。

如表 4.34 所示，两次回归分析中不存在“某个特征根同时能够反映两个及以上自变量的较大部分方差”的现象，最大条件指数出现在第 2 步回归分子中的第 3 个特征根上，为 13.057，虽然稍微偏大，但是还可以接受。结合前面提到的容忍度和 *VIF* 结果，可以认为，两次回归分析均不存在多重共线性现象。

表 4.34　共线性诊断结果表

模型		特征值	条件指数	方差比例		
				(常量)	侧应力	右伸及
1	1	1.965	1.000	0.02	0.02	
	2	0.035	7.462	0.98	0.98	
2	1	2.944	1.000	0.00	0.01	0.00
	2	0.038	8.762	0.21	0.96	0.07
	3	0.017	13.057	0.79	0.04	0.93

综上所述，回归模型对动态得分的预测效果较好，预测变量为侧应力、右伸及时，调整后的 R^2 已经达到了较高水平，为 0.756。对动态得分预测效果最好的回归方程为 $\hat{y}=23392.279-276.289\times$侧应力$+1097.315\times$右伸及。侧应力标准化回归系数为－0.938，对动态得分影响相对较大，侧应力越大，动态得分越小，动态平衡能力越弱；右伸及标准化回归系数为 0.630，对动态得分的影响相对偏弱，右伸及能力越大，动态得分越大，动态平衡能力越强。

第5章　青年人群平衡能力的影响因素研究

5.1　中枢疲劳对青年男子静态平衡能力的影响研究

中枢神经由脑和脊髓构成，是人体各种基本反射弧的中枢部分，也是人体神经系统主体的控制部分。中枢神经系统接收人体各个位置传递的信息，进行有效的整合加工之后，以协调的运动性指令传出，以此来保证人体行为机能动作的平衡和稳定。其中平衡能力是人体在不同状态下都能维持身体相对稳定的能力，也是人体最为基本的一种身体机能。中枢疲劳是指中枢神经难以驱动肌肉的运动，导致肌肉力量下降的现象[144]。运动性中枢疲劳定义为：由运动引起的发生在从大脑到脊髓运动神经元的神经系统的疲劳，即指由运动引起的中枢神经系统不能产生和维持足够的冲动给肌肉以满足运动所需的现象[145]。静态平衡能力是指维持人体重心与姿势相对静止的静态姿势能力。静态姿势是指人在站立时尽量保持不动，但事实上人在静止站立时身体重心始终绕自己的平衡点不停地晃动，它是自我意识无法控制的，这叫作生理性姿势动摇[146]。静态平衡指人站立时尽量保持身体无晃动的状态，它是平衡的一种方式[147]。相比于运动过程中表现出的动态平衡能力，静态平衡能力其实更能反映出人体平衡稳定的机能条件，因为当人体已经在某种静止的具体状态时，重心其实会绕着自己的平衡点产生不同幅度的摇摆，虽然幅度有限，但这种重心的偏移变化不受自我意识的控制，也不能通过自我动作的调整进行适应，最能反映出人体自我调节控制平衡稳定的变化过程[148]。人体平衡能力的维持需要神经对肌肉的精确调节和支配，中枢疲劳可能会影响到这种调节和支配能力。因此本书探索中枢疲劳对人体静态平衡能力的影响。

5.1.1　实验测试对象

本书研究中枢疲劳前后青年男子的静态平衡能力状况，选取普通高校12

名在校青年男学生作为研究对象，实验对象基本情况：年龄为(21.75±0.425)岁，身高为(173.75±3.519)cm，体重为(65.67±5.852)kg，所有研究对象均无神经系统上的疾病，并且最近 3 个月内身体没有任何疾病损伤，下肢反应状态良好，身体机能和运动能力都表现正常。

5.1.2 中枢疲劳与静态平衡能力的实验测试

EP506 型两点阈测定仪用于检验中枢疲劳。中枢疲劳实验方案：首先让受试者好好休息，前一天不宜做高强度运动，晚上 10:00 之前入睡，第二早晨 7:30 起床去实验室使用两点阈检测中枢疲劳。让受试者坐在椅子上，伸出一只手臂进行测试，移动副尺从主尺上读得整数值，从副尺上读得小数值后为两点距离，实验初始时将数值设在 3 cm。测定仪尖端垂直均匀地接触皮肤不超过 2 s，要求受试者根据感觉报告"两点"或"一点"，分不清也需报告，直到测出每个人的两点阈值为止，即两点刺激的最小距离，同时刺激皮肤上的两个点，当两点的距离小于一定程度时，会被感觉成一个点，能辨别的两点距离越近，表明皮肤辨别能力越强。中枢疲劳会使各种皮肤敏感下降[64]，以此来判断受试者是否疲劳以及中枢疲劳程度。

中枢疲劳测试完成以后，进行静态平衡能力的测试。实验前，先让受试者测量身高、体重。

用中科院研发的静态平衡测试仪测量静态平衡的数据。在计算机上注册受试者个人信息，包括用户名、个人密码，邮箱、身高、体重以及出生日期等。注册完以后登录测量静态平衡机能仪器测试。静态平衡能力测试流程如下：双足睁眼(下文简称 SZ)、双足闭眼(下文简称 SB)、左足睁眼(下文简称 ZZ)、右足睁眼(下文简称 YZ)、线性步睁眼(下文简称 X)。双足睁眼：双脚站立于测试台上，双手置于身体两侧，自然下垂，双眼平视前方，尽量保持身体稳定。双足闭眼：双脚站立于测试台上，双手置于身体两侧，自然下垂，自然闭上双眼，尽量保持身体稳定。左足睁眼：右脚抬起，左脚站立于测试台上，双手置于身体两侧，自然下垂，双眼平视前方，尽量保持身体稳定。右足睁眼：左脚抬起，右脚站立于测试台上，双手置于身体两侧，自然下垂，双眼平视前方，尽量保持身体稳定。线性步睁眼：线性步站立于测试台上，双脚处于同一条直线上，双手置于身体两侧，自然下垂，双眼平视前方，尽量保持身体稳定。每个项目的测试时间为 10 s，受试者根据机器提示进行静态平衡机能的测试，会生成个人的静态平衡机能的检测报告(在测试过程中，要确保安静，尽量避免外界干扰；要提高主试实验操作的熟练程度；实验时要给予被试充分的休息时间。要求受试者记住自己的登录名及密码，以求实验的顺利完成，而在平衡测试时，要求所有受试者脱鞋)。

实验方案：

首先，检查正常状态下的两点阈值和静态平衡能力。

其次，中枢疲劳和静态平衡测试过程都已完成后，第二天白天让12名研究对象维持前一天测试前的正常状态，吃一样的食物，进行一样的活动和休息，务必保证受试者在白天的基本生活状态与第一天大致相同。晚上的时候，不能让受试者进行正常休息，选取能够刺激受试者兴奋点的游戏让受试者通宵进行网游体验，过程中对受试者进行监测，要保证受试者始终在进行游戏的过程中，中间不能有休息或停顿的时候，尽量保持受试者精神亢奋，状态要持续整整一夜，过程中也不能食用任何对中枢神经有所缓和的食物，比如牛奶等，使其中枢神经疲劳，直至第二天清晨。

最后再次测试中枢疲劳和静态平衡能力，这种状态下两点阈值在1.5 cm以上（含1.5 cm）者为有效指标，本实验所有指标均在1.5以上。

中枢疲劳的指标：我们确定疲劳前后两组指标，充分休息后的安静状态下的测定作为正常指标，通过过度疲劳手段使其中枢神经系统疲劳后的指标作为实验指标，评价指标参照运动员的神经系统及感觉功能测试指标。

静态平衡能力指标测试：分别测试双足睁眼（SZ）、双足闭眼（SB）、左足睁眼（ZZ）、右足睁眼（YZ）、线性步睁眼（X）。分别选取重心动摇轨迹长，外周面积，平均动摇角度 X 向、Y 向，前后左右方向的摆速等指标作为参照指标来评价个人静态平衡机能的水平。

疲劳前后的组内对比采用配对样本 t 检验，显著性水平取0.05，非常显著性水平取0.01。

5.1.3 结果与分析

5.1.3.1 中枢疲劳效果的检验

受试者实验方案前后的中枢疲劳变化情况如表5.1所示。

如表5.1所示，中枢疲劳前后两点阈值差异非常显著（$P=0.000<0.05$），中枢疲劳方案有效。疲劳后与疲劳前两点阈值的比值用于评价疲劳程度。本书中的比值为1.89，根据疲劳评价标准，两点阈值的比值大于1.5而小于2.0为轻度疲劳[65]。因此，本书采用的疲劳方案使受试者总体上达到了轻度疲劳状态。

表5.1 中枢疲劳前后两点阈值对比结果表

	样本量	中枢疲劳前	中枢疲劳后	t	P
两点阈值（cm）	12	1.091±0.25	2.058±0.26	3.157	0.000

5.1.3.2　中枢疲劳前后静态平衡能力对比结果与分析

如表 5.2 所示，在双足睁眼的测量中，疲劳前数据与疲劳后数据之间在重心动摇轨迹长、重心平均动摇速度、Y 向平均动摇角度以及右前摆速这 4 个指标 t 检验分布概率值 $P<0.05$，说明这 4 个指标有着明显的统计学意义，对于它们的鉴定有着统计学价值。这表明当受试者产生明显的中枢疲劳感觉后，其身体在静态平衡状态维持过程中重心会出现明显的偏移和变化，我们可以看出重心动摇轨迹长、重心平均动摇速度这两个指标差异性显著，说明重心位置变化明显。同时在双足睁眼的这种状态下，受试者前后晃动趋势明显，Y 向平均动摇角度指标差异性显著，说明受试者前后方向很不稳，中枢疲劳后有了前后方向上很明显的晃动趋势。

表 5.2　SZ 情况下疲劳前后静态平衡能力对比结果表

指标	疲劳前	疲劳后	t	P
重心动摇总轨迹长(mm)	285.13±39.33	412.23±64.95	2.29	0.045
外周面积(mm^2)	360.47±107.41	675.71±145.02	2.98	0.231
重心动摇速度(mm/s)	26.65±7.69	42.30±15.80	2.86	0.020
X 向平均动摇角度(°)	10.92±2.94	19.09±6.27	2.15	0.064
Y 向平均动摇角度(°)	9.52±2.17	18.80±2.73	3.48	0.008
左前摆速(mm/s)	5.68±1.38	6.58±1.95	3.47	0.249
左后摆速(mm/s)	6.74±2.44	7.63±2.56	3.39	0.436
右前摆速(mm/s)	4.74±0.95	5.67±1.34	3.07	0.016
右后摆速(mm/s)	5.11±1.96	6.45±1.32	2.99	0.098

如表 5.3 所示，在双足闭眼的静态平衡能力测量中疲劳前数据与疲劳后数据之间，同样在重心动摇轨迹长、重心平均动摇速度与 Y 向平均动摇角度这 3 个指标 t 检验分布概率值 $P<0.05$，说明这 3 个指标有着明显的统计学意义。这表明当受试者产生明显的中枢疲劳感觉后，在双足闭眼的状态下，其身体在静态平衡状态维持过程中重心会出现明显的偏移和变化，我们可以看出重心动摇轨迹长、重心平均动摇速度这两个指标差异性显著，说明重心位置变化明显。同时在双足睁眼的状态下，受试者前后晃动趋势明显，Y 向平均动摇角度指标差异性显著，说明受试者前后方向很不稳，中枢疲劳后有了前后方向上很明显的晃动趋势。

表 5.3　SB 情况下疲劳前后静态平衡能力对比结果表

指标	疲劳前	疲劳后	t	P
重心动摇总轨迹长(mm)	266.56±67.13	415.68±128.58	2.47	0.024
外周面积(mm²)	407.29±134.88	797.35±513.50	1.92	0.635
重心动摇速度(mm/s)	25.13±5.51	37.96±11.68	3.57	0.027
X 向平均动摇角度(°)	10.27±2.11	18.96±2.76	3.22	0.507
Y 向平均动摇角度(°)	12.77±2.72	14.54±3.13	4.03	0.033
左前摆速(mm/s)	4.54±1.11	6.54±1.85	3.19	0.883
左后摆速(mm/s)	5.42±1.63	7.63±3.87	3.05	0.623
右前摆速(mm/s)	5.11±2.09	6.66±2.37	2.01	0.058
右后摆速(mm/s)	6.03±2.54	7.45±3.12	2.55	0.347

如表 5.4 所示，在左足睁眼的静态平衡能力测量中疲劳前数据与疲劳后数据之间只有右后平均动摇速度 t 检验分布概率 P 值是大于 0.05 的，这说明表 5.4 的数据中只有右后平均动摇速度没有统计学意义。这表明当受试者产生中枢疲劳感觉之后，在维持左足睁眼的单足站立状态时，受试者重心位置有着非常明显的偏移变化，已经出现了静态平衡维持的严重失衡特征，因为受试者重心动摇轨迹长、外周面积、重心动摇速度指标差异性显著，说明受试者在维持静态平衡的状态过程中身体晃动迹象明显，而且从 X 向平均动摇角度、Y 向平均动摇角度、左右前后的动摇速度等差异性显著的指标也可以看出，受试者前后左右方向静态平衡维持能力都在中枢疲劳后大大减弱，尤其是左右方向受试者失衡情况明显，左右摆动迹象显著，前后方向也有明显变化，但还没有出现严重偏移。

表 5.4　ZZ 情况下疲劳前后静态平衡能力对比结果表

指标	疲劳前	疲劳后	t	P
重心动摇总轨迹长(mm)	430.34±159.60	652.29±178.12	4.10	0.006
外周面积(mm²)	1241.07±491.63	1358.21±588.59	2.54	0.032
重心动摇速度(mm/s)	48.39±14.46	59.35±16.16	1.25	0.008
X 向平均动摇角度(°)	10.07±2.41	13.66±3.27	2.01	0.009

续表

指标	疲劳前	疲劳后	t	P
Y 向平均动摇角度(°)	14.76±1.95	18.70±3.63	3.35	0.011
左前摆速(mm/s)	9.62±2.47	9.46±2.33	1.16	0.009
左后摆速(mm/s)	9.73±3.20	10.44±3.16	4.77	0.021
右前摆速(mm/s)	7.85±1.96	8.94±2.11	3.95	0.028
右后摆速(mm/s)	7.67±2.35	8.76±2.75	2.36	0.122

如表 5.5 所示，在右足睁眼的静态平衡能力测试过程中，疲劳前数据与疲劳后数据在重心动摇轨迹长、Y 向平均动摇角度、左后平均动摇速度、右前平均动摇速度这 4 个指标的 t 检验概率上是小于 0.05 的，鉴定结果有统计学意义，说明实验前后有明显的显著性差异。这表明当受试者产生中枢疲劳感觉之后，在维持右足睁眼的单足站立状态时，受试者重心位置有着一定明显的偏移变化，因为受试者在重心动摇轨迹长这个指标上差异性显著，说明受试者在维持静态平衡的状态过程中身体有一定的晃动迹象，而且从 Y 向平均动摇角度这个差异性显著的指标可以看出，受试者前后方向静态平衡维持能力都在中枢疲劳后大大减弱，摆动迹象显著，已经出现严重偏移，而且受试者的偏移晃动趋势是向前方和右侧倾斜的，有往这个方向摔倒的趋势。

表 5.5　YZ 情况下疲劳前后静态平衡能力对比结果表

指标	疲劳前	疲劳后	t	P
重心动摇总轨迹长(mm)	539.20±184.85	663.86±162.90	3.10	0.025
外周面积(mm^2)	1315.07±775.23	1984.24±785.79	2.14	0.071
重心动摇速度(mm/s)	48.38±16.29	62.36±14.73	2.96	0.078
X 向平均动摇角度(°)	37.07±12.41	41.98±12.28	1.01	0.168
Y 向平均动摇角度(°)	34.30±11.63	45.50±11.25	2.75	0.011
左前摆速(mm/s)	8.31±1.56	9.87±2.16	3.16	0.080
左后摆速(mm/s)	8.95±2.89	12.65±3.74	2.97	0.023
右前摆速(mm/s)	9.31±2.96	11.35±3.12	3.67	0.009
右后摆速(mm/s)	9.05±3.44	10.15±2.56	2.66	0.062

如表 5.6 所示，在线性步睁眼的测试过程中，疲劳前数据与疲劳后数据对比结果上，在重心动摇轨迹长、重心动摇速度、X 向平均动摇角度、Y 向平均动摇角度与右前平均动摇速度、右后平均动摇速度都有 t 检验的概率统计学意

义，说明在这些静态平衡能力的指标测量上有着明显的显著性差异。这表明当受试者产生中枢疲劳感觉之后，在维持线性步睁眼的站立状态时，受试者重心位置有着非常明显的偏移变化，已经出现了静态平衡维持的严重失衡特征，因为受试者重心动摇轨迹长、重心动摇速度指标差异性显著，说明受试者在维持静态平衡的状态过程中身体晃动迹象明显，而且从 X 向平均动摇角度、Y 向平均动摇角度、右前摆速、右后摆速 4 个差异性显著的指标也可以看出，受试者前后左右方向静态平衡维持能力都在中枢疲劳后大大减弱，尤其是前后方向受试者失衡情况明显，摆动迹象显著，左右方向也有明显变化。

表 5.6 X 情况下疲劳前后静态平衡能力对比结果表

指标	疲劳前	疲劳后	t	P
重心动摇总轨迹长(mm)	234.11±54.65	363.16±62.50	2.97	0.047
外周面积(mm^2)	415.27±75.23	584.24±185.79	2.16	0.136
重心动摇速度(mm/s)	29.38±6.29	42.31±5.53	3.06	0.013
X 向平均动摇角度(°)	9.45±1.41	11.68±2.28	2.99	0.021
Y 向平均动摇角度(°)	11.30±2.63	15.33±2.25	3.36	0.055
左前摆速(mm/s)	3.53±1.56	4.87±1.16	2.02	0.082
左后摆速(mm/s)	4.05±1.59	5.65±2.14	3.57	0.163
右前摆速(mm/s)	4.11±2.04	6.45±2.25	1.56	0.030
右后摆速(mm/s)	4.53±1.76	5.96±2.13	2.11	0.043

5.1.4 小结

一次通宵网游可以使青年男子产生轻度疲劳状态；中枢神经系统出现轻度疲劳后，身体的重心晃动情况会加剧，身体更容易出现向右侧前后方向的倾倒趋势。

5.2 身体成分与形态指标对青年人平衡能力的影响研究

身体成分与形态、平衡能力都是影响人体质健康的重要因素。我国青年人体质健康水平逐年下降，引起社会关注。从生物力学的角度来看，人体平衡能力受支撑面、重心高度、体重等的影响。身体成分与形态直接影响到人的重心高度与体重，因此可能会对平衡能力产生一定的影响，本书拟探索身体成分与形态对青年人平衡能力的影响。

身体成分是指体内的蛋白质、脂肪、水、矿物质、糖等各种成分及其比例关系[151]。体重是身体成分的总重量，包括脂肪重和去脂体重（也称瘦体重）。瘦体重包括骨骼、肌肉、器官、体液及皮肤等非脂肪组织的重量，瘦体重的含量与肌肉力量和有氧运动能力成正相关[152]。身体成分测量一般分为全身测量与局部测量，具体测试内容包括脂肪量、去脂体重、体脂百分比、皮脂厚度、身体密度等；局部测量可以采用皮脂厚度法、超声波法、CT法、身体横断面积的测量方法；全身测量法主要有电阻抗法、体水分量法、水下称重法、红外线法、人体测量评估法等[153]。体脂率（PBF）是身体成分的重要指标之一，常用于评估人体的肥胖程度。一般的评估标准为：男性体脂率≤20%，女性体脂率≤25%为正常；20%≤男性体脂率<25%，25%≤女性体脂率<30%为轻度肥胖；25%≤男性体脂率<30%，30%≤女性体脂率<35%为中度肥胖；男性体脂率≥30%，女性体脂率≥35%为重度肥胖[154]。

身体形态是指人体外部的形状和特征。身体形态的测量主要包括体格测量、体型测量、身体姿势测量等，是研究人体外部形状特征的一种重要方法，在人体的生长发育、体质水平和营养状况的研究中也是必不可少的，还可以用来评定人体的健康水平。观察和计量是形态测量的两个基本过程，观察是观察人体姿势，而体型与体格则需要用计量去测量，常用的指标有身高、体重、围度、WHR、BMI等[155]。BMI的中国人标准：BMI<18.5为体重偏轻；18.5≤BMI<25为正常体重；BMI≥30为肥胖[156]；WHR：男性，腰围≥85 cm为肥胖；女性，腰围≥80 cm为肥胖[157]。

平衡能力是人体基本的生理机能之一，主要包括静态平衡、动态平衡和对称平衡。静态平衡能力有利于保持身体姿势的稳定，动态平衡能力有利于姿势转换的稳定，对称平衡能力有利于肢体和动作的协调。19世纪中期以来，人体平衡能力的研究受到了研究者的广泛关注，并取得了大量研究成果，主要集中于视觉、前庭觉、肌力等因素对人体平衡能力的影响[158]。

部分学者对身体成分和形态对平衡能力的影响进行了初步探索。袁明珠研究表明，肥胖组青年人闭眼双脚、闭眼单脚站立时的静态平衡能力和动态平衡能力低于正常体重组[159]。戴昕、李圆在对中老年人的研究中指出，自然行走时，与体重正常者相比，超重肥胖者的单足支撑时间更短，双足支撑时间更长，步宽增加，步长缩短，步行速度减慢，身体左右摆幅明显增大，行走时产生足内翻的概率更大，更易跌倒损伤。双足及单足支撑站立时，超重肥胖者重心移动面积与重心位移长度显著高于体重正常者，显示静态平衡能力下降。因此肥胖会使中老年人步态稳定性下降、静态平衡能力下降[160]。由此可见，目前在肥胖（或体脂百分比）对人体平衡能力的影响方面，主要采用的都是肥胖组与正常组的组间对比的方式，虽然提升了统计效率，但是没有揭示肥胖对平衡能力的影响程度，缺乏其他身体成分与形态对平衡能力影响的探究。本书采用相关分析法，能够揭示身体成分和形态对人体平衡能力的影响程度。

5.2.1 实验测试对象

随机抽取 40 名非体育专业普通大学生，其中青年男性 18 名、青年女性 22 名。所有研究对象四肢健全，无急慢性疾病，近一周内未从事过重体力活动（表 5.7）。

表 5.7 实验对象的基本情况($n=40$)

性别	人数	年龄(岁)	身高(cm)	体重(kg)	BMI(kg/m²)	PBF(%)	WHR(m)
女	22	20.9±1.5	163.3±4.5	53.5±5.5	20.0±1.7	30.7±10.7	0.83±0.08
男	18	20.4±1.7	175.7±7.4	63.9±9.4	20.7±2.3	13.6±4.8	0.80±0.03

注：BMI 为身体质量指数；PBF 为体脂百分比；WHR 为腰臀比。

5.2.2 身体成分、形态、动静态平衡能力的实验测试

1. 身体成分与形态测试

测试仪器采用韩国 InBody330 身体成分测试仪。测试时要求测试者脱鞋裸脚站立在仪器上，双足放于踏板上的两足印处，测试前无剧烈运动，输入个人身高、年龄信息，双手握住手柄，拇指按在手柄上部电极按钮处，四指握在手柄下部，手臂自然伸直放于身体两侧，保持到测试结束。测试时手脚不得离开电极，身体不要随意晃动，平视前方，保持安静状态。测试指标主要包括 BMI、PBF、WHR 等。BMI＝体重/身高^2。PBF＝(脂肪重/体重)×100%。WHR＝腰围/臀围。

2. 动态平衡能力测试

测试仪器采用德国产 Balance-Check 型动态平衡测试仪。测试难度：5-medium；测试时间：双足 1 min；测试控制：sensor$^+$；测试时屏幕上由内向外分为中心、4、3、2、1 共五个区域，测试时由于受试者两下肢的不同用力会使位于中心区域的红球发生移动，小球在每个区域里停留 50 ms 就会被记录一次，并获得相应的得分；要求实验者脱鞋后站立在仪器上，双足放于踏板上的两足印处，测试时，受试者放开仪器扶手，保持身体不从踏板上滑下，并尽量使红球停留在中

心区域内。测试指标为动态平衡得分，分值越高，动态平衡能力越好。

3. 静态平衡能力测试

测试仪器采用中国科学院合肥智能机械研究所研发的 BX-BAL-100 型静态平衡测试仪。测试开始时，会有“测试开始”的语音提示；测试结束时，会有“测量结束”的语音提示。在每种测量姿势前，会有 3～6 s 的准备时间。测试过程中，测试者无需进行任何按钮操作；要求实验者脱鞋后，按特定位置站在生物力学平台上，足间距为 10 cm，双手自然垂放于身体两侧，两眼平视前方，测试过程中受试者保持安静。分别测试双足睁眼、双足闭眼、左足睁眼、右足睁眼、线性步睁眼五个组合站立姿势下的平衡情况。单足站立时，抬起的那只脚抬至支撑脚脚踝处。

测试指标为静态平衡能力综合得分、各站立姿势下的单位面积轨迹长。静态平衡能力综合得分是在双足睁眼、双足闭眼、左足睁眼、右足睁眼、线性步睁眼五种测试状态下静态平衡得分的均值；单位面积轨迹长＝人体重心动摇总轨迹长/包络面积，反映人体姿势的细微调节及脊髓对姿势的固有反射性调节能力，即姿势调节和全身姿势张力的调节，其值越大，说明静态平衡精细调控能力越强[161]。人体重心动摇总轨迹长：该参数反映在整个测量时间内人体重心移动的总距离，它反映了人的动摇程度；包络面积：指重心移动轨迹包围成的所有多边形表面积总和，人体晃动的重心走过的区域范围、人体晃动和摇摆的程度均被它直观地反映出来，反映出的结果表示平衡障碍的程度[162]。

采用 Pearson 积差相关系数探索各指标与平衡能力的关联性，显著性水平取 0.05，非常显著性水平取 0.01。

5.2.3　身体成分与形态对青年人平衡能力的影响结果

5.2.3.1　身高与静动态平衡能力的相关性

如表 5.8 所示，青年男性和女性的身高均与动态平衡综合得分相关系数不显著（$P>0.05$）。青年女性的身高与静态平衡综合得分相关系数也不显著（$P>0.05$），青年男性的身高与静态平衡综合得分具有较弱的正相关关系（$r=0.514, P<0.05$）。青年女性的身高与双足闭眼和右足睁眼时的单位面积轨迹长具有负相关关系（$r=-0.465, P<0.05$；$r=-0.593, P<0.01$）。

表 5.8 身高与静动态平衡能力的相关性

性别	动态平衡得分	静态平衡综合得分	单位面积轨迹长				
			双足睁眼	双足闭眼	左足睁眼	右足睁眼	线性步睁眼
女	0.12	−0.127	−0.151	−0.465*	−0.422	−0.593**	−0.353
男	−0.444	0.514*	−0.164	−0.081	0.22	0.399	−0.329

注：* 表示 $P<0.05$，** 表示 $P<0.01$。

5.2.3.2 体重与静动态平衡能力的相关性

如表 5.9 所示，青年女性的体重与动态平衡得分相关系数不显著（$P>0.05$），青年男性的体重与动态平衡得分具有负相关关系（$r=-0.615$，$P<0.01$）。青年男性和女性的体重与静态平衡综合得分的相关系数均不显著（$P>0.05$）。

表 5.9 体重与静动态平衡能力的相关性

性别	动态平衡得分	静态平衡综合得分	单位面积轨迹长				
			双足睁眼	双足闭眼	左足睁眼	右足睁眼	线性步睁眼
女	−0.146	0.157	0.107	−0.265	−0.076	−0.382	−0.084
男	−0.615**	0.416	−0.395	−0.329	0.062	0.487*	−0.244

注：* 表示 $P<0.05$，** 表示 $P<0.01$。

5.2.3.3 BMI 与静动态平衡能力的相关性

如表 5.10 所示，青年男性的 BMI 与动态平衡得分具有较弱的负相关关系（$r=-0.466$，$P<0.05$），青年女性的 BMI 与动态平衡得分相关关系不显著（$P>0.05$）。青年男性和女性的 BMI 与静态平衡综合得分相关系数不显著（$P>0.05$）。

表 5.10 BMI 与静动态平衡能力的相关性

性别	动态平衡得分	静态平衡综合得分	单位面积轨迹长				
			双足睁眼	双足闭眼	左足睁眼	右足睁眼	线性步睁眼
女	−0.270	0.274	0.198	−0.043	0.184	−0.089	0.129
男	−0.466*	0.175	−0.375	−0.374	−0.071	0.327	−0.103

注：* 表示 $P<0.05$。

5.2.3.4　PBF 与静动态平衡能力的相关性

如表 5.11 所示，青年男性和女性的 PBF 与动态平衡得分、静态平衡综合得分的相关系数不显著（$P>0.05$）。青年女性的 PBF 与左足睁眼时的单位面积轨迹长成正相关关系（$r=0.551, P<0.01$）。

表 5.11　PBF 与静动态平衡能力的相关性

性别	动态平衡得分	静态平衡综合得分	单位面积轨迹长				
			双足睁眼	双足闭眼	左足睁眼	右足睁眼	线性步睁眼
女	−0.198	0.358	−0.094	0.182	0.551**	0.166	0.199
男	−0.123	−0.039	0.011	0.197	0.028	0.197	−0.042

注：** 表示 $P<0.01$。

5.2.3.5　WHR 与静动态平衡能力的相关性

如表 5.12 所示，青年男性和女性的 WHR 与动态平衡得分、静态平衡综合得分的相关系数不显著（$P>0.05$）。青年女性的 WHR 与左足睁眼时的单位面积轨迹长成正相关关系（$r=0.449, P<0.01$）。

表 5.12　WHR 与静动态平衡能力的相关性

性别	动态平衡得分	静态平衡综合得分	单位面积轨迹长				
			双足睁眼	双足闭眼	左足睁眼	右足睁眼	线性步睁眼
女	0.326	0.32	0.072	0.345	0.449*	−0.058	0.126
男	−0.096	−0.378	0.009	0.161	−0.23	0.051	−0.078

注：* 表示 $P<0.05$。

5.2.4　讨论

Lebiedowska[163]的研究认为，身高与平衡能力相关性不大，身高与平衡参数均无统计学意义。本书中，青年男性和女性的身高均与动态平衡综合得分相关系数不显著（$P>0.05$）。青年女性的身高与静态平衡综合得分相关系数也不显著（$P>0.05$），但是青年男性的身高与静态平衡综合得分具有较弱的正相关关系（$r=0.514, P<0.05$）。这说明青年人的身高与动态平衡能力无关，但是青年男性的身高会对静态平衡能力有较弱的影响，身高越高，静态平衡能力就越好。青年女性的身高与双足闭眼和右足睁眼时的单位面积轨迹长具有负相关关系（$r=-0.465, P<0.05$；$r=-0.593, P<0.01$）。这说明青年女性的身

高越高，双足闭眼和右足睁眼时对静态平衡的精细调控能力越强。

徐本华[164]（2003）等通过对 588 例正常人的测试发现，随着体重增加，平衡能力变弱。Peterka[165]（2002）等的研究也得到了一致的结果，即随着人体体重的增加，人体平衡能力下降。本书中，青年女性的体重与动态平衡得分相关系数不显著（$P>0.05$），青年男性的体重与动态平衡得分具有负相关关系（$r=-0.615, P<0.01$）。青年男性和女性的体重与静态平衡综合得分的相关系数均不显著（$P>0.05$）。青年男性的测试结果与前者研究结果具有一致性，青年男性的体重与动态平衡能力具有中等程度的负相关关系，体重越重，动态平衡能力越强。但是女性的体重与平衡能力无关。

BMI 称为身体质量指数，反映了身体的充实度。本书中，青年男性的 BMI 与动态平衡得分具有较弱的负相关关系（$r=-0.466, P<0.05$），青年女性的 BMI 与动态平衡得分相关关系不显著（$P>0.05$）。青年男性和女性的 BMI 与静态平衡综合得分相关系数不显著（$P>0.05$）。这说明 BMI 仅对青年男性的动态平衡能力具有较弱的影响，BMI 越大，动态平衡能力越弱。

PBF 为体脂率（或称为体脂百分比），是评估人体是否肥胖的有效指标。袁明珠研究表明[166]，肥胖人群的下肢力量比正常人群弱，在安静的状态下发生动态偏移时，下肢的骨骼肌很难在第一时间提供肌力来维持身体的动态变化，导致人体的动作延迟或不协调，进而影响平衡能力。李文宝[167]的研究表明，肥胖者的静态平衡能力与脂肪百分比成负相关关系。本书中，青年男性和女性的 PBF 与动态平衡得分、静态平衡综合得分的相关系数不显著（$P>0.05$）。青年女性的 PBF 与左足睁眼时的单位面积轨迹长成正相关关系（$r=0.551, P<0.01$）。这说明青年人的体脂率与平衡能力没有相关关系，但是青年女性的体脂率越高，左足睁眼时的静态平衡精细调控能力越强。

WHR 为腰臀比，是评估人体健康风险的常用指标。本书中，青年男性和女性的 WHR 与动态平衡得分、静态平衡综合得分的相关系数不显著（$P>0.05$）。青年女性的 WHR 与左足睁眼时的单位面积轨迹长成正相关关系（$r=0.449, P<0.01$）。这说明青年人的腰臀比与平衡能力没有相关关系，但是青年女生的腰臀比越高，左足睁眼时的静态平衡精细调控能力越强。

5.2.5 小结

青年人的身高与动态平衡能力无关，但是青年男性的身高会对静态平衡能力有较弱的影响，身高越高，静态平衡能力就越好。青年女性的身高越高，双足闭眼和右足睁眼时对静态平衡的精细调控能力越强。青年男性的体重与动态平衡能力具有中等程度的负相关关系，体重越重，动态平衡能力越强。但是女性的体重与平衡能力无关。BMI 仅对青年男性的动态平衡能力具有较弱的影响，BMI 越大，动态平衡能力越弱。青年人的体脂率和腰臀比与平衡能力没有相关关系，但是青年女性的体脂率和腰臀比越高，左足睁眼时的静态平衡精细调控能力越强。

第6章　少年儿童平衡能力的影响因素研究

6.1　身体基础条件对少年儿童平衡能力的影响

良好的平衡能力有助于建立少年儿童的垂直感，同时为少年儿童的空间知觉打下坚实基础[168]。张建国研究表明，青少年静态平衡能力在6～11岁时随年龄增长逐渐趋于稳定，12岁后就已经达到了19～20岁的水平[169]。施雪琴研究表明，青少年随年龄增长静态平衡能力逐渐完善，至12岁时其平衡能力已与19～20岁的水平无明显差异；青少年身体形态学指标、身体素质测试成绩与大多数平衡指标之间无明显关联[170]。付丽敏等研究表明，6～8岁儿童静态平衡能力存在性别差异和年龄差异，女童的平衡能力优于男童，年龄越大，儿童的静态平衡能力越好[171]。可见国内对少年儿童平衡能力随年龄变化规律已经做了一定的探索，但是一般采用的测试工具较为昂贵，不易推广使用。少年儿童多在中小学校活动、生活，中小学校一般没有可依托的科研机构，因此，简易便捷的测试较容易推广使用。本书采用简易的静动态平衡能力测试方法，对180名7～10岁少年儿童进行了静动态平衡能力测量与评估，探索少年儿童平衡能力的影响因素和适合少年儿童的静态与动态平衡能力测量方法，为促进少年儿童平衡能力的提升打下基础。

6.1.1　实验测试对象

采用分层随机抽样的方法，从合肥市方兴小学一到三年级学生（年龄在7～10岁之间）中随机抽取180名学生进行实验测试，受试对象基本情况见表6.1。

表 6.1　受试对象年龄、性别分布表　（单位：人）

	7 岁	8 岁	9 岁	10 岁	合计
男	27	30	24	25	106
女	20	16	22	16	74
合计	47	46	46	41	180

所有受试者均在测试前接受体检，将近半年内均无感觉、神经系统障碍和急慢性疾病者纳入实验测试对象。受试者均无从事过较为系统完善的运动训练。整个实验征得了方兴小学校方及受试者家长的同意。

6.1.2　平衡能力测试

静态平衡能力测试采用闭眼单脚站立测试；动态平衡能力测试采用闭眼原地踏步测试、闭眼 10 米行走测试、多向伸及试验。测试时要求受试者均脱鞋赤脚进行测试。

闭眼单脚站立测试：要求受试者闭目，双手叉腰，双脚并拢站立，听到"开始"口令后，将非优势脚屈膝抬起，使其脚底固定于另一只优势脚内踝部位。记录保持此姿势的时间。单脚站立维持的时间越久，则表明静态平衡能力越好，反之较差[172,173]。

闭眼原地踏步测试：受试者站立于设计好的坐标轴中，两臂自然下垂置于体侧，闭眼，身体呈自然直立状态，并使其以原点为中心，双脚以 y 轴为中线，脚后跟落于 x 轴上。要求受试者听到"开始"口令后自然踏步 120 次(频率尽量控制在 120 次/min)，踏步高度大约落于另一只支撑脚的踝关节处。当踏步停止后，立即标记两脚跟中点的位置，并测量出脚跟中点位置与原点坐标位置之间的距离作为本次评价 7～10 岁小学生动态平衡能力的指标。距离越小则认为其动态平衡能力越好[174,175]。

闭眼 10 米行走测试：在平整地面上画两条距离为 10 m 的直线，分别作为起点和终点。受试者睁眼站于起点处，先对直线、方向等进行感觉。当受试者一切准备好后再闭上双眼，凭自身感觉尽量向前走直线，听到测试员"立定"口令后，停下。将两脚后跟中点的位置坐标记录下来，并测量该位置垂直于 10 m 直线的距离长度。距离长度越短，说明平衡能力越好。

多向伸及试验：受试者双脚并拢，尽量背靠墙站立，保持身体直立状态站于已设置好的规定限制区内，将手臂自然向前平举，记录下其指尖位置，受试者前屈，将身体向前探出，同时尽量将手臂向前伸，直到其达到平衡临界点，标注并记录其指尖此时的对应位置，则所记录的两点之间的水平距离便是该名受试者手臂前伸的最远距离。利用同样的方式，不改变站立起始姿势，受试者手臂前伸，身体背屈，等待其达到平衡临界点，则可记录下指尖对应位置，测量两点之间的水平距离即为后伸的最远距离。手臂分别向左、右侧平举，身体侧屈，身体侧对墙面直立，测得该名受试者手臂向左、右侧伸展的最远距离。前后左右四个方向各进行一次测试，测试过程中脚跟和脚尖不得抬离地面，不得移动脚步，将四个方向数据的平均值作为该受试者平衡能力的评价标准。所得到的平均值数值越大，则表明其动态平衡能力越好；反之则越差[176]。

以上所有测试分别由 8 名熟悉整个测试流程的测试人员对受试者进行测试。不同年龄段与不同性别的两组间平均数比较采用独立样本 t 检验，方差不齐性时采用矫正后的独立样本 t 检验，相关分析采用 Pearson 积差相关系数，显著性水平取 0.05，非常显著性水平取 0.01。

6.1.3 少年儿童平衡能力的影响因素分析结果

6.1.3.1 性别对少年儿童平衡能力的影响

如表 6.2 所示，男生与女生静态平衡能力差异不显著（$P=0.579>0.05$）。男生闭眼单脚站立的平均时间为 17.5 s，女生闭眼单脚站立的平均时间为 19.4 s。可以认为女生静态平衡能力优于男生，但差异并不显著。男生闭眼单脚站立时长的最大值为 145.3 s，最小值为 2.3 s；女生最大值为 82 s，最小值为 3 s，男生和女生闭眼单脚站立标准差均大于均值，因此，可认为男生与女生静态平衡能力个体差异性较大。

表 6.2 男生与女生静态平衡能力对比结果表

性别	N	闭眼单脚站立时间(s)	F	P	t	P
男	96	17.5±22.6	0.000	0.986	−0.556	0.579
女	65	19.4±17.6				

如表 6.3 所示，男生闭眼原地踏步测试结果低于女生（$P=0.032<0.05$），男生与女生的闭眼 10 米行走、多向伸及试验测试结果无性别差异（$P>0.05$）。

7～10 岁男生的三项测试平均值分别为 160.8、88.4、18.25，而 7～10 岁女生的三项测试平均值分别为 267.0、118.5、18.55。因此，7～10 岁小学生的动态平衡能力在不同性别上还是有一定差异性的，男生的动态平衡能力明显优于女生的动态平衡能力。此测试在类似研究中也有相同结论[177]。

另外，在闭眼原地踏步测试中男生最大值为 1376.74，最小值为 10.44；女生最大值为 1902.63，最小值为 8.50。在闭眼 10 米行走测试中男生最大值为 410.00，最小值为 0.00；女生最大值为 960.00，最小值为 0.00。在多向伸及试验测试中男生最大值为 43.25，最小值为 8.25；女生最大值为 31.50，最小值为 9.00。由此数据可知，7～10 岁男、女生存在的个体性差异较大。

其中闭眼原地踏步的测试结果表明男、女小学生动态平衡能力差异性显著，则此评价指标在探究 7～10 岁小学生不同性别动态平衡能力中具有一定意义。

表 6.3　男生与女生动态平衡能力对比结果表

测试内容	性别	N	距离(cm)	F	P	t	P
闭眼原地踏步	男	92	160.8±180.9	14.318	0.000	−2.176	0.032
	女	64	267.0±359.9				
闭眼 10 米行走	男	89	88.4±91.3	1.629	0.204	−1.440	0.152
	女	55	118.5±159.4				
多向伸及试验	男	81	18.25±6.02	0.770	0.382	−0.313	0.755
	女	61	18.55±4.94				

6.1.3.2　年龄对少年儿童平衡能力的影响

如表 6.4 所示，高龄组静态平衡能力优于低龄组（$P=0.000<0.01$）。7～8 岁低龄组学生的闭眼单脚站立平均时长为 10.1 s，9～10 岁高龄组学生的闭眼单脚站立平均时长为 25.3 s。因此，高龄组学生的静态平衡能力明显高于低龄组学生的静态平衡能力。随着年龄的增长，静态平衡能力呈逐步增长的趋势。年龄是影响少年儿童静态平衡能力的重要因素之一。

其次，低龄组最大值为 37.3 s，最小值为 2.3 s；而高龄组最大值为 145.3 s，最小值为 3.5 s。这表明由低龄转为高龄的静态平衡能力为一个逐步上升的状态；从另一方面也显示了每个年龄段存在的明显较大的个体化差异。

表 6.4　不同年龄组学生静态平衡能力对比结果表

年龄组	N	闭眼单脚站立时间(s)	F	P	t	P
低龄组	74	10.1±7.6	31.560	0.000	−5.342	0.000
高龄组	87	25.3±25.3				

注：7～8 岁为低龄组，9～10 岁为高龄组。下同。

如表 6.5 所示，低龄组闭眼原地踏步结果高于高龄组（$P=0.030<0.05$），多向伸及试验测试结果低于高龄组（$P=0.000<0.01$），闭眼 10 米行走测试结果与高龄组差异不显著（$P=0.814>0.05$）。

另外，闭眼原地踏步测试中低龄组最大值为1376.74，最小值为8.50；高龄组最大值为1902.63，最小值为18.87。在闭眼10米行走测试中低龄组最大值为495.00，最小值为0.00；高龄组最大值为960.00，最小值为0.00。在多向伸及试验测试中低龄组最大值为25.00，最小值为8.25；高龄组最大值为43.25，最小值为11.00。因此，7～10岁不同年龄段学生动态平衡测试结果都存在着较大的个体性差异。

表6.5 不同年龄组学生动态平衡能力对比结果表

测试内容	性别	N	距离(cm)	F	P	t	P
闭眼原地踏步	低龄组	70	245.3±319.2	6.257	0.013	−2.199	0.030
	高龄组	86	154.1±193.6				
闭眼10米行走	低龄组	66	102.6±108.4	0.302	0.583	0.236	0.814
	高龄组	78	97.7±133.5				
多向伸及试验	低龄组	62	15.5±3.9	3.223	0.075	−6.219	0.000
	高龄组	80	20.7±5.6				

6.1.3.3 身高、体重对少年儿童平衡能力的影响

如表6.6所示，身高与闭眼单脚站立、多向伸及试验成很弱但显著的正相关关系（$r=0.200, P<0.05$；$r=0.367, P<0.01$），与闭眼原地踏步、闭眼10米行走相关系数不显著（$P>0.05$）。体重与闭眼单脚站立、闭眼原地踏步、闭眼10米行走、多向伸及试验的相关系数均不显著（$P>0.05$）。

表6.6 身高、体重与平衡能力指标相关分析结果

	闭眼单脚站立	闭眼原地踏步	闭眼10米行走	多向伸及试验
身高	0.200*	−0.073	0.013	0.367**
体重	−0.023	−0.074	−0.062	0.030

注：* 表示 $P<0.05$，** 表示 $P<0.01$。

6.1.3.4 BMI、体脂率对少年儿童平衡能力的影响

如表6.7所示，BMI和体脂率与闭眼单脚站立、闭眼原地踏步、闭眼10米行走、多向伸及试验的相关系数均不显著（$P>0.05$）。

表 6.7　BMI、体脂率与平衡能力指标相关分析结果

	闭眼单脚站立	闭眼原地踏步	闭眼 10 米行走绝对值	伸展均值
BMI	−0.012	−0.096	0.008	−0.001
体脂率	0.091	0.034	0.134	−0.069

6.1.4　讨论

人体通过中枢神经系统接收、整合、传达三大感觉系统的信息，从而维持人体静态直立的姿势。平衡能力是由一个复杂的反馈系统作为支撑而产生的。该反馈系统又源于三个主要的感觉系统，即前庭系统、视觉系统与本体感觉，并受控于中枢神经系统。

本书采取的实验测试内容便于推广，测试过程控制严格。为使获取测试结果更加精确，减少其他影响平衡能力的因素，要求受试者在测试时均为赤脚状态；实验内容从视觉系统测试角度出发，分为无视觉条件（闭眼）和有视觉条件（睁眼）两种情况；从前庭系统与本体感觉测试角度出发，分为人体处于静态时和人体处于动态时两种情况，便于研究视觉系统、前庭系统和本体感觉分别对 7～10 岁小学生平衡机能的影响[178-180]。

在对待人体平衡能力影响因素的问题上，对于性别是否为影响人体静态平衡能力的因素之一，有两种不同的看法，有一些人认为男女性别的平衡功能无差异，也有人认为性别不同必然会引起平衡功能有所区别[180]。然而，在本书中发现，不论是静态平衡或者是动态平衡，男生和女生由于性别的不同，在平衡功能上还是会存在显著性差别的。另外，根据本实验测试后所得结果，建议各学校，乃至全国各省市中小学有针对性地积极开展一些发展协调性、灵敏性、平衡性等身体素质集合一体的练习，如太极拳、武术、体操、舞蹈动作等，以此提高小学生整体的平衡能力水平[181,182]。

本书对动态平衡能力共进行了三项测试，分别为闭眼原地踏步测试、闭眼 10 米行走测试、多向伸及试验，仅闭眼原地踏步存在性别差异，而闭眼 10 米行走和多向伸及试验不存在性别差异。在与低龄组和高龄组动态平衡能力对比中，高龄组闭眼原地踏步测试（该指标为低优指标）结果和多向伸及试验（该指标为高优指标）结果均优于低龄组，说明高龄组动态平衡能力优于低龄组。但是闭眼原地踏步测试和多向伸及试验结果均可能受身高、臂长等因素的影响，结果的可靠性可能会受到一定影响。

闭眼原地踏步测试不仅存在性别差异，还存在年龄差异；闭眼 10 米行走测试不存在性别和年龄差异；多向伸及试验不存在性别差异，但是存在年龄差异。

因此，评估 7～10 岁少年儿童动态平衡能力效果较好的指标依次是闭眼原地踏步测试和多向伸及试验，但是在使用这两项指标时要考虑身高、臂长等因素的影响，也可考虑采用相对性指标，比如测试结果除以身高或臂长等。

至今还尚未建立对少年儿童平衡能力的评价系统。但对于开展少年儿童的平衡能力研究的工作，还是非常有必要的。建立对少年儿童的平衡能力评价系统具有一定的重要意义，例如有助于教练员对一些“武术”“舞蹈”“体操”等与平衡机能紧密联系的运动项目的运动员的准确选材，选拔和储备优秀的后备人才大军；有利于教练员对运动员平衡能力的分析与评价，使之安排对运动员个体来说更加科学有效的运动训练方法，取得更好的比赛成绩。

本书中，身高与闭眼单脚站立成很弱但显著的正相关关系。这说明少年儿童的身高与静态平衡能力存在很弱的正相关关系，身高越高，静态平衡能力越好。从生物力学的角度来看，身高越高，人体重心就越高，对静态平衡能力越不利。但是分析显示两者具有很弱但显著的正相关关系，可能是由身高产生的间接原因引起的。身高与多向伸及试验成很弱但显著的正相关关系，与闭眼原地踏步、闭眼 10 米行走相关系数不显著。身高越高，伸及能力越强，这是由多向伸及试验特点造成的。在多向伸及试验中，需要人体躯干弯曲，手臂尽量伸远，一般人的身高越高，躯干和手臂就越长，越有利于伸远。这说明身高对动态平衡能力并没有影响。体重与闭眼单脚站立、闭眼原地踏步、闭眼 10 米行走、多向伸及试验的相关系数均不显著。这说明体重对少年儿童静态和动态平衡能力没有影响。

BMI 和体脂率都可以在一定程度上反映人体的充实度。本书中，BMI 和体脂率与闭眼单脚站立、闭眼原地踏步、闭眼 10 米行走、多向伸及试验的相关系数均不显著。这说明少年儿童的 BMI 和体脂率对静态和动态平衡能力没有影响。

6.1.5 小结

少年儿童的性别对静态平衡能力没有影响，但是对动态平衡能力有影响，男性的动态平衡能力优于女性；少年儿童的年龄越大，静态和动态平衡能力越好；少年儿童的身高与静态平衡能力存在很弱的正相关关系，身高越高，静态平衡能力越好，但是少年儿童的身高对动态平衡能力没有影响；少年儿童的体重、BMI、体脂率对静态和动态平衡能力均没有影响。评估 7～10 岁少年儿童动态平衡能力效果较好的指标依次是闭眼原地踏步测试和多向伸及试验，但是在使用这两项指标时要考虑身高、臂长等因素的影响，也可考虑采用相对性指标。

6.2　体育锻炼对少年儿童平衡能力的影响

适当的体育锻炼可以提高儿童的身体素质、手眼协调能力。4～7 岁是儿童生长发育的运动整合期，对儿童运动能力的培养、平衡能力的提升都非常关键。中国舞、跆拳道、自由式轮滑等是该年龄段儿童最为喜爱的几个运动项目。并且，这些项目都不存在单侧身体的偏向性练习，有利于儿童身体的均衡发展。本书旨在探索三个项目对 4～7 岁儿童平衡能力的影响。

6.2.1　中国舞练习对少年儿童平衡能力的影响研究

中国舞将中国舞蹈的知识性、训练性和娱乐性融为一体，不仅能够锻炼人体的柔韧性、协调性、稳定性、灵活性和耐力等，同时也能够提高人的身体素质和气质，培养幼儿对舞蹈美的感受力、表现力和初步的鉴赏力、创造力，从而促进幼儿健康体魄、健康人格和健康个性的形成，促进其全面发展。但是目前尚未见到中国舞对儿童平衡能力的影响方面的研究。

文芝采用美国 Biodex 公司生产的 Biodex Balance-sd-2 动静态平衡仪对体育舞蹈、乒乓球专修女生和空白对照组女生进行平衡能力测试和对比分析，探索练习体育舞蹈、乒乓球对平衡能力的影响。测试内容包括双足睁眼、双足闭眼、单足睁眼、单足闭眼四种状态下的静态、动态平衡能力，测试指标为总体稳定指数、前后方向稳定指数、左右方向稳定指数等。研究发现，长期的体育舞蹈训练比乒乓球训练更能促进女大学生在闭眼状态下的静态平衡能力、睁眼和闭眼状态下的双单足动态平衡能力的发展[183]。

时昌松在研究体育舞蹈对 7～9 岁儿童静态平衡能力的影响中，采用随即区组设计法，实验前把身高、体重、年龄、身体技能和单腿闭目测试相近的学生配成对，随机分成实验组和对照组两个组别；实验组除了进行正常的教学活动外，每周进行两次体育舞蹈课程的训练课，持续练习 3 个月，对照组按照正常的教学开展教学活动。实验前后采用 Romberg 静态平衡能力测试法进行平衡能力测试。对比发现，在长达 3 个月的体育舞蹈兴趣班学习后，学生闭目单腿直立测试的静态平衡能力有了显著的提升，由原来的 18.6 s 上升到 36.2 s，提高了近 17.6 s。因此，体育舞蹈对提高学生的静态平衡能力起到积极的促进作用[184]。

刘睿等在研究探戈舞蹈锻炼对有近期跌倒史老年患者平衡能力的影响中，

对舞蹈组进行探戈舞训练，对散步组进行步行训练，训练前后均对老人进行Berg平衡量表、单腿支撑时间、步速、步长、起立-行走测试和平衡功能测试仪评估。对比发现与散步活动比较，探戈舞蹈锻炼改善有近期跌倒史老年患者各项平衡能力指标更为明显[185]。

体育舞蹈与中国舞起源不同，文化背景也大相径庭，因此舞蹈风格各异，在舞蹈的表现形式上也呈现了巨大的差异。除此之外，二者在发力方式、情绪表现、动作编排、音乐节奏等方面均有差别。但凡舞蹈，虽各有特色，但也是有相通之处的，例如在线条的要求、发力的控制等方面体育舞蹈与中国舞也是有相同之处的。目前有部分学者在体育舞蹈对平衡能力的影响方面进行了初步探索，但是关于中国舞对儿童平衡能力影响的相关研究几乎没有。该部分旨在探索练习中国舞对儿童平衡能力的影响。

6.2.1.1　实验测试对象

从合肥滨湖少儿中国舞培训班筛选68名学员为实验组测试对象，筛选标准：4～7岁，均是第一次参加中国舞学习，身体健康，没有急慢性疾病。从合肥滨湖幼儿园筛选60名幼儿园学生为对照组测试对象，筛选标准：4～7岁，每个年龄段人群与实验组相同，一学期内未参加过体育类培训班，身体健康，没有急慢性疾病。实验组在培训班进行为期16周的中国舞练习。练习前后对实验组和对照组儿童均进行平衡能力测试。

6.2.1.2　平衡能力测试与中国舞练习内容

静态平衡能力测试：睁眼单脚站立测试。受试者睁眼站立，双手叉于腰间，听到“开始”口令后，抬非优势脚使脚底固定于优势脚内踝部位。采用秒表记录保持此姿势的时间，支撑脚明显移动或非优势脚接触地面计时停止，时间越长，静态平衡能力越好。

动态平衡能力测试：闭眼原地踏步测试和平衡木测试。闭眼原地踏步测试：受试者闭眼并脚站立，记录两脚跟中点的位置，然后以每分钟120步的频率踏步1 min，要求踏步高度与支撑脚踝关节等高，踏步停止后再次记录两脚跟中点位置，把两次记录脚跟中点位置偏移的距离作为评价动态平衡能力的指标。平衡木测试：让儿童在高20 cm、宽10 cm、长4 m的平衡木一端双脚前后站立，听到“开始”口令后，开始行走并计时，到另一端后停止计时。时间越短，动态平衡能力越好。

中国舞的主要练习内容：

(1) 中国舞基本姿态、基本手位、基本脚位、舞姿练习、眼神练习。

(2) 勾绷脚、小跳、软度练习(青蛙趴、压腿、压脚背、踢腿、搬腿、横叉、竖叉、下腰)。

(3) 舞蹈组合:走步、飞吧小蜜蜂、数星星、脚位组合、头的动作组合、小鸡啄米。

(4) 音乐反应:西瓜、球球操、打花巴掌、我的小小手。

(5) 儿童舞蹈:小熊舞、枣园童趣。

(6) 拉伸练习:小蜗牛。

6.2.1.3　练习中国舞对少年儿童平衡能力的影响结果

如表 6.8 所示,实验组与对照组睁眼单脚站立、闭眼原地踏步、平衡木测试结果差异均不具有统计显著性($P>0.05$)。

表 6.8　实验前实验组与对照组平衡能力对比结果表

	睁眼单脚站立(s)	闭眼原地踏步(m)	平衡木测试(s)
实验组	4.09±1.48	1.55±0.41	12.25±3.75
对照组	4.31±1.51	1.64±0.75	13.14±3.54
t	0.831	0.855	1.375
P	0.407	0.394	0.171

如表 6.9 所示,实验后实验组与对照组睁眼单脚站立、闭眼原地踏步、平衡木测试结果均差异显著。实验组的睁眼单脚站立时间高于对照组($P<0.01$),闭眼原地踏步距离低于对照组($P<0.01$),平衡木测试时间低于对照组($P<0.05$)。

表 6.9　实验后实验组与对照组平衡能力对比结果表

	睁眼单脚站立(s)	闭眼原地踏步(m)	平衡木测试(s)
实验组	8.53±2.14	0.94±0.24	7.03±3.58
对照组	7.02±2.27	1.25±0.49	8.48±3.74
t	3.872	4.627	2.239
P	0.000	0.000	0.027

如表 6.10 所示,实验组实验前后睁眼单脚站立、闭眼原地踏步、平衡木测试结果差异均非常显著($P<0.01$)。实验后的睁眼单脚站立时间高于实验前,实验后的闭眼原地踏步距离、平衡木测试时间低于实验前。

表 6.10 实验组实验前后平衡能力对比结果表

	睁眼单脚站立(s)	闭眼原地踏步(m)	平衡木测试(s)
实验前	4.09±1.48	1.55±0.41	12.25±3.75
实验后	8.53±2.14	0.94±0.24	7.03±3.58
t	13.780	10.096	8.027
P	0.000	0.000	0.000

如表 6.11 所示，对照组实验前后睁眼单脚站立、闭眼原地踏步、平衡木测试结果差异均非常显著($P<0.01$)。实验后的睁眼单脚站立时间高于实验前，实验后的闭眼原地踏步距离、平衡木测试时间低于实验前。这与实验组表现基本一致。

表 6.11 对照组实验前后平衡能力对比结果表

	睁眼单脚站立(s)	闭眼原地踏步(m)	平衡木测试(s)
实验前	4.31±1.51	1.64±0.75	13.14±3.54
实验后	7.02±2.27	1.25±0.49	8.48±3.74
t	8.036	3.432	7.238
P	0.000	0.001	0.000

6.2.1.4 讨论

本书中静态平衡能力采用的是睁眼单脚站立测试，与闭眼单脚站立测试相比，降低了测试难度，主要是考虑到了儿童平衡能力的客观状况。根据预测试了解到，很多孩子尤其是低龄儿童在闭眼单脚站立情况下很难维持 4 s，有的甚至更低，造成数据离散程度较大，规律性较差。因此采用了睁眼单脚站立测试。闭眼单脚站立测试结果为时间，时间越长，静态平衡能力就越好，因此为高优指标。

动态平衡能力测试采用的是闭眼原地踏步和平衡木测试。闭眼原地踏步测试结果为踏步结束后与原站立位置的距离，距离越大，动态平衡能力就越差。该项测试主要用于了解儿童在闭眼踏步情况下的空间位置感知与判断能力。平衡木测试结果为完成测试所用的时间，时间越长，说明行走得越慢，稳定性越差，动态平衡能力越差。该项测试主要用于了解儿童行走时的动态平衡控制能力。

为了让受试儿童了解测试内容，以上三项测试在正式测试前，均由测试者带着受试儿童一起练习该测试内容 3 遍，时间为 5 min 左右。

根据测试结果，实验前实验组与对照组睁眼单脚站立、闭眼原地踏步、平衡木测试结果差异均不具有统计显著性，说明实验前两组儿童平衡能力基本一致，分组较为均衡，实验前的数据基本上不会对实验后的数据参数产生影响。

根据实验后的组间对比，实验后实验组的睁眼单脚站立时间高于对照组，闭眼原地踏步距离、平衡木测试时间低于对照组。这说明实验后实验组的静态平衡能力和动态平衡能力均高于对照组。

实验组和对照组实验后的睁眼单脚站立时间高于实验前，实验后的闭眼原地踏步距离、平衡木测试时间低于实验前。由于闭眼原地踏步、平衡木测试结果均为低优指标，因此，实验组和对照组实验后的静态平衡能力和动态平衡能力均有明显提升。

本书设置对照组的主要原因是考虑到了两个因素：一是实验时间的影响，儿童处于生长发育的快速增长期，根据生长发育规律，受试儿童就算不参加任何专门的体育锻炼，16 周后平衡能力也会有提升；二是儿童正常体力活动或锻炼的影响，测试时间从 9 月份到 12 月份，儿童都在幼儿园生活，幼儿园的教育活动也会促进平衡能力的提升。本书中，对照组实验后睁眼单脚站立测试结果提升了 62.9%，闭眼原地踏步测试结果提升了 31.2%，平衡木测试结果提升了 55.0%。这一提升可以认为是前面两个因素作用的结果。实验组实验后睁眼单脚站立测试结果提升了 108.6%，闭眼原地踏步测试结果提升了 64.9%，平衡木测试结果提升了 74.3%。可见实验组比对照组提升幅度更大，这一提升的原因除了上面两个因素外，就是中国舞的锻炼。中国舞的锻炼使儿童睁眼单脚站立测试结果提升了 45.7%(从 108.6%到 62.9%)，闭眼原地踏步测试结果提升了 33.7%(从 64.9%到 31.2%)，平衡木测试结果提升了 19.3%(从 74.3%到 55.0%)。因此可以认为 16 周的中国舞锻炼使儿童静态平衡能力提升了 45.7%，动态平衡能力提升了 26.5%((33.7%+19.3%)/2)。

中国舞以情带舞、以舞传情、动而合度、形变神真、技艺结合、引人入胜、风采独具、意韵长存的特点，有助于提升习练者的平衡能力。中国舞更加突出中国传统的柔美特点，因此对静态平衡能力的提升贡献更大。

6.2.1.5　小结

4～7 岁的儿童处于生长发育的快速增长期，随着年龄增长儿童的平衡能力也在快速提高。在 16 周的时间里，对照组由于生长发育、正常体力活动或锻炼的因素，睁眼单脚站立测试结果提升了 62.9%，闭眼原地踏步测试结果提升了 31.2%，平衡木测试结果提升了 55.0%。实验组由于生长发育、正常体力活动或锻炼的因素，以及中国舞锻炼的因素，使睁眼单脚站立测试结果提升了108.6%，闭眼原地踏步测试结果提升了64.9%，平衡木测试结果提升了74.3%。因此，习练中国舞会使儿童的平衡能力提高得更快，16周的中国舞锻炼使儿童静态平衡能力提升了45.7%，动态平衡能力提升了26.5%。

6.2.2 跆拳道练习对少年儿童平衡能力的影响研究

跆拳道是一项利用拳和腿进行搏击的对抗性运动，“跆”字的含义为：脚踢，以及与腿部相关的各种攻击和防守技术；“拳”字的含义为：拳打，以及与手臂相关的各种攻击和防守技术；“道”是指在“跆”和“拳”的修炼过程中的精神要求以及搏击的艺术方法和取胜规律。跆拳道通过竞赛、品势和功力检验等运动形式，使练习者增强体质，掌握实战技术，培养坚忍不拔的意志品质。其主要特点是以腿法为主、拳法为辅，以击破目标为检测手段，注重气势、自信心的培养，内外兼修、适应性强，方法简洁、稳健刚劲、技击性强[186]。因此，跆拳道很具有实用性和观赏性。

跆拳道具有礼仪、廉耻、忍耐、克己、百折不屈的武道精神，对儿童人格培养具有重要作用，深受儿童喜欢。儿童神经兴奋与抑制的发展不均衡，神经系统的兴奋过程占明显优势，表现为活泼好动，注意力不易集中，学习和掌握动作较快，但兴奋容易扩散，多余的动作较多，动作不协调、不准确[115]。

跆拳道以腿法为主、拳法为辅，腿法的练习有助于提升儿童的下肢力量和支撑稳定性，对儿童的平衡能力具有促进作用。

陈欢欢为探索跆拳道运动对儿童平衡能力的影响，对实验组30名跆拳道训练者和对照组（根据年龄、身高、体重等匹配）30名无跆拳道训练者，采用win-pod平衡测试仪测量静态平衡能力，采用星形测试系统测试动态平衡能力。研究发现，跆拳道训练能提高儿童平衡能力，对提高儿童单足闭眼状态下静态平衡能力的影响更为显著；跆拳道运动对儿童前、后内、后外三个方向的动态平衡能力均有明显提高，跆拳道训练可提高儿童动态平衡能力；跆拳道练习可以促进儿童下肢双侧平衡能力的均衡发展[186]。

庞尔江采用win-pod平衡测试仪等设备对18周跆拳道训练前后的学龄正常儿童和肥胖儿童进行了静态平衡能力和动态平衡能力的测试，采集受试者在静态平衡和动态平衡的运动生物力学指标值，研究不同模式下双足、单足站立时静态平衡能力与单足动态平衡能力的特征，探讨了18周跆拳道训练对学龄儿童平衡能力的影响。研究发现，经过18周跆拳道训练后的学龄正常儿童和肥胖儿童在睁眼模式下双足站立的平衡能力得到改善；18周跆拳道训练对正常儿童睁眼平衡能力的影响程度较肥胖儿童的影响程度大，对两组不同受试者闭眼平衡能力的改善程度几乎一致；18 周跆拳道可以提高学龄正常儿童和肥胖儿童的动态平衡能力[115]。

前面两位学者在研究跆拳道对儿童平衡能力的影响时，均采用了 win-pod 平衡测试仪，该平衡能力测试方法需要较为昂贵的仪器设备，不易在儿童群体中推广。而且，该类测试均要求受试者在原地站立状态下进行平衡能力测试，对于评估儿童平衡能力具有一定的局限性。本书采用简易、已推广的平衡能力测试方法，对长期练习跆拳道和未曾进行规律体育锻炼的两类同龄儿童进行平衡能力对比分析，揭示跆拳道对儿童平衡能力的影响。

6.2.2.1　实验测试对象

从合肥滨湖少儿跆拳道培训班筛选 45 名学员为实验组测试对象，筛选标准：4～7 岁，均是第一次参加跆拳道学习，身体健康，没有急慢性疾病。从合肥滨湖幼儿园筛选 50 名幼儿园学生为对照组实验测试对象，筛选标准：4～7 岁，每个年龄段人群与实验组相同，一学期内未参加过体育类培训班，身体健康，没有急慢性疾病。实验组在培训班进行为期 16 周的跆拳道练习。练习前后对实验组和对照组儿童均进行平衡能力测试。

6.2.2.2　平衡能力测试与跆拳道练习内容

静态平衡能力测试：睁眼单脚站立测试。受试者睁眼站立，双手叉于腰间，听到“开始”口令后，抬非优势脚使脚底固定于优势脚内踝部位。采用秒表记录保持此姿势的时间，支撑脚明显移动或非优势脚接触地面计时停止，时间越长，静态平衡能力越好。

动态平衡能力测试：闭眼原地踏步测试和平衡木测试。闭眼原地踏步测试：受试者闭眼并脚站立，记录两脚跟中点的位置，然后以每分钟 120 步的频率踏步 1 min，要求踏步高度与支撑脚踝关节等高，踏步停止后再次记录两脚跟中点位置，把两次记录脚跟中点位置偏移的距离作为评价动态平衡能力的指标。平衡木测试：让儿童在高 20 cm、宽 10 cm、长 4 m 的平衡木一端双脚前后站立，听到“开始”口令后，开始行走并计时，到另一端后停止计时。时间越短，动态平衡能力越好。

跆拳道主要练习内容：

(1) 跆拳道的礼仪、精神及训练要求，学会穿道服和系腰带以及叠道服的方法、掌握基础国际用语（立正、敬礼、准备、开始等）。

(2) 手型、步型、膝、足的正确使用部位，站姿、实战搏击姿势。

(3) 热身运动（以体育游戏为主）、腿部柔韧性训练。

(4) 基本拳法：马步冲拳、马步横拳、马步横手刀、弓步冲拳、前行步冲拳。

(5) 基本腿法：正踢、前踢、横踢。

(6) 基本步法：原地垫步、跳换步。

(7) 基本防法：上隔挡、内隔挡中防、下隔挡。

(8) 膝法：正顶膝、横顶膝。

6.2.2.3 练习跆拳道对儿童平衡能力的影响结果

如表 6.12 所示，实验前实验组与对照组的睁眼单脚站立、闭眼原地踏步、平衡木测试结果差异均不具有统计显著性($P>0.05$)。

表 6.12 实验前实验组与对照组平衡能力对比结果表

	睁眼单脚站立(s)	闭眼原地踏步(m)	平衡木测试(s)
实验组	3.73±0.30	1.24±0.84	11.53±3.26
对照组	3.79±0.79	1.10±0.29	12.21±4.13
t	0.479	1.108	0.884
P	0.633	0.271	0.379

如表 6.13 所示，实验后实验组与对照组睁眼单脚站立测试结果差异不显著($P=0.063>0.05$)，闭眼原地踏步测试结果差异非常显著($P=0.005<0.01$)，平衡木测试结果差异显著($P=0.024<0.05$)。

表 6.13 实验后实验组与对照组平衡能力对比结果表

	睁眼单脚站立(s)	闭眼原地踏步(m)	平衡木测试(s)
实验组	8.68±1.69	0.36±0.52	7.54±2.17
对照组	7.94±2.10	0.60±0.26	8.8±3.04
t	1.879	2.888	2.302
P	0.063	0.005	0.024

如表 6.14 所示，实验组实验前与实验后睁眼单脚站立、闭眼原地踏步、平衡木测试结果差异均非常显著($P<0.001$)。

表 6.14 实验组实验前与实验后平衡能力对比结果表

	睁眼单脚站立(s)	闭眼原地踏步(m)	平衡木测试(s)
实验前	3.73±0.3	1.24±0.84	11.53±3.26
实验后	8.68±1.69	0.36±0.52	7.54±2.17

续表

	睁眼单脚站立(s)	闭眼原地踏步(m)	平衡木测试(s)
t	19.366	6.205	7.086
P	0.000	0.000	0.000

如表6.15所示，对照组实验前与实验后睁眼单脚站立、闭眼原地踏步、平衡木测试结果差异均非常显著($P<0.01$)。

表6.15　对照组实验前与实验后平衡能力对比结果表

	睁眼单脚站立(s)	闭眼原地踏步(m)	平衡木测试(s)
实验前	3.79±0.79	1.10±0.29	12.21±4.13
实验后	7.94±2.10	0.60±0.26	8.80±3.04
t	12.480	8.861	4.614
P	0.000	0.000	0.000

6.2.2.4　讨论

跆拳道以腿法为主、拳法为辅，腿法主要包括横踢、侧踢、前踢、勾踢、下劈踢、推踢、后踢、后旋踢、双飞踢等，大部分属于单腿支撑式的踢腿方式，对支撑腿的稳定性要求较高。同时，双飞踢落地时需要双腿的强大稳定支撑。

人体平衡能力主要受视觉、前庭觉和本体感觉的影响。跆拳道运动中包含了许多类似于促进前庭功能的练习，如旋转、跳跃等。跆拳道技击中回旋踢、侧踢和后踢同样可以刺激前庭器官，因为这些技击动作中涉及快速旋转(在不稳定情况下，头和躯干旋转)和垂直运动。在长期的跆拳道训练过程中，频繁的踢腿练习和移动变化的空间适应对学龄儿童的视觉、前庭、本体感觉和小脑的要求更高。在一个完善的平衡系统中，视觉、前庭、本体感觉和小脑的整合，有助于学龄儿童开发出更好的姿势调整策略和身体在击打过程中的控制能力。

与同龄正常儿童相比较，超重或肥胖儿童出现明显低足弓，脚的尺寸增大进而增加了与地面的接触面积，足底压力值变大。这种结构上的差异可能会降低足底表面感觉器官对感觉信息数量和质量的接收，进一步影响了学龄儿童的步态、静态平衡能力和动态平衡能力。因此，本书在筛选样本时排除了肥胖儿童。

儿童学习跆拳道的主要内容包括跆拳道礼仪、基本素质、基本腿法、基本拳法等。通过学习不但可以培养儿童的规则意识，还可以加强儿童神经对肌肉的支配能力，使儿童动作更加协调、精细。平衡能力同样需要神经对肌肉的精确支配作用。本书中验证了跆拳道对儿童平衡能力影响的积极作用。

实验前实验组与对照组睁眼单脚站立、闭眼原地踏步、平衡木测试结果差异均不具有统计显著性,说明实验前实验组与对照组的静态平衡能力和动态平衡能力基本一致,分组具有很好的均衡性。

实验组和对照组实验前与实验后的睁眼单脚站立、闭眼原地踏步、平衡木测试结果差异都非常显著,均表现为实验后的静态平衡能力和动态平衡能力有明显提升。实验后实验组的睁眼单脚站立时间与对照组基本一致,说明实验后实验组和对照组的静态平衡能力基本一致。实验组和对照组在实验后静态平衡能力的提升主要是由于实验期间的"时间因素",具体包含了实验期间的生长发育,以及实验期间的幼儿园学习和日常活动,跆拳道训练对静态平衡能力没有影响。实验后实验组的闭眼原地踏步距离和平衡木测试结果均低于对照组,说明实验后实验组的动态平衡能力高于对照组。实验组的动态平衡能力提升的主要原因除了"时间因素"外,跆拳道练习也起到了明显的作用。根据均值情况可知,实验组的闭眼原地踏步测试成绩提高了 71.0%,平衡木测试成绩提高了 34.6%,而对照组分别提高了 45.5%和 27.9%。实验组的闭眼原地踏步和平衡木测试成绩比对照组分别多提升了 25.5%和 6.7%。

6.2.2.5 小结

长期练习跆拳道对儿童静态平衡能力的影响不显著,但是能够明显提升儿童的动态平衡能力。长期练习跆拳道使儿童闭眼原地踏步和平衡木测试成绩比对照组分别多提升了 25.5%和 6.7%。

6.2.3 自由式轮滑练习对少年儿童平衡能力的影响研究

轮滑是很多儿童非常喜欢的运动项目,也是阳光体育活动的主要内容。轮滑运动是从滑冰运动过渡而来的。最初有位荷兰的滑冰运动员,在自然冰融化后不能继续训练的情况下,他将木线轴安装在皮鞋下,试图在平坦的地面上滑行。他的实验在不断尝试后终于获得成功,并引起了人们的兴趣,从此轮滑运动便在欧洲兴起。1892 年,国际轮滑联盟在瑞士成立,使得轮滑运动向正规化、国际化发展迈出了坚实的一步。我国轮滑运动开展得较晚,19 世纪末才传入我国,当时仅限于沿海个别城市,只作为娱乐活动,直到 20 世纪 80 年代初期我国才有正式比赛出现。

轮滑的竞赛项目包括自由式轮滑、速度轮滑和轮滑球。自由式轮滑是儿童练习最多的轮滑项目,它把速度、力量、旋转、翻腾等技巧和舞蹈造型等有机地融合在一起,趣味性强,既可以丰富文化生活,又可以陶冶情操,具有极强的娱乐性、健身性和工具性。由于轮滑运动对儿童下肢力量要求更高，一般儿童要达到 4 岁以上学习轮滑效果才会更好。

刘钟钖为了检验练习轮滑对学龄前儿童平衡能力的影响，从幼儿园选取了 200 名 4～6 岁儿童进行平衡能力测试。在平衡得分一致的情况下，选取 80 名儿童作为实验对象，并分为 2 组，实验组和对照组分别都是 20 名男生和女生。实验组进行为期 3 个月的轮滑练习，对照组不进行轮滑练习。对比发现，实验期间儿童平衡能力均有提升，但是练习轮滑的儿童平衡能力提升更多，而且练习轮滑的儿童平衡木行走的形态优于未进行轮滑练习的儿童[116]。

杨琦等为了分析练习轮滑对 4～7 岁儿童平衡能力的影响，在轮滑培训班选取 15 名学生作为实验组，开展为期 3 个月的轮滑训练，选取幼儿园里的 15 名儿童作为对照组不进行训练，培训结束后采用静态平衡能力测试仪对所有儿童进行平衡能力测试。实验表明，实验组的轨迹长、包络面积低于对照组，单位面积轨迹长、相对功率高于对照组，由此得出 3 个月的轮滑练习对学龄前儿童的平衡姿势的控制能力有明显提高，轮滑练习对儿童运动能力的发展有着积极的促进作用[117]。

部分学者在轮滑运动对大学生平衡能力影响方面进行了相关探索。王海等研究表明，轮滑练习能够提高女大学生的支撑和平衡能力，同时能够激发学生的练习兴趣，消除学生学习初期的恐惧心理，对完成整体技术和提高腿部力量等方面均有较好的效果[149]。武常宏对 32 名轮滑班学生学期初与学期末的平衡能力进行了测试与对比分析，得出主要结论：通过轮滑运动的学习可以提高大学生的静态平衡能力，对大学生身心健康的发展具有积极的作用[150]。

国内在轮滑运动对平衡能力的影响方面的研究较少，研究对象涉及儿童的更少。我们都清楚轮滑运动需要很好的平衡能力才能站得稳、滑得快，但是却不清楚轮滑运动需要怎样的平衡能力才能站得稳、滑得快。因此，本书对 4～7 岁的 54 名儿童进行了静态平衡能力和动态平衡能力测试与分析，探索轮滑运动对儿童平衡能力影响的特点。

6.2.3.1　实验测试对象

从合肥滨湖少儿轮滑培训班筛选 24 名学员为实验组测试对象，筛选标准：4～7 岁，均是第一次参加轮滑学习，身体健康，没有急慢性疾病。从合肥滨湖幼儿园筛选 30 名幼儿园学生为对照组实验测试对象，筛选标准：4～7 岁，每个年龄段人群与实验组相同，一学期内未参加过体育类培训班，身体健康，没有急慢性疾病。实验组在培训班进行为期 16 周的轮滑练习。练习前后对实验组和对照组儿童均进行平衡能力测试。

6.2.3.2 平衡能力测试与轮滑练习内容

静态平衡能力测试:睁眼单脚站立测试。受试者睁眼站立,双手叉于腰间,听到"开始"口令后,抬非优势脚使脚底固定于优势脚内踝部位。采用秒表记录保持此姿势的时间,支撑脚明显移动或非优势脚接触地面计时停止,时间越长,静态平衡能力越好。

动态平衡能力测试:闭眼原地踏步测试和平衡木测试。闭眼原地踏步测试:受试者闭眼并脚站立,记录两脚跟中点的位置,然后以每分钟 120 步的频率踏步 1 min,要求踏步高度与支撑脚踝关节等高,踏步停止后再次记录两脚跟中点位置,把两次记录脚跟中点位置偏移的距离作为评价动态平衡能力的指标。平衡木测试:让儿童在高 20 cm、宽 10 cm、长 4 m 的平衡木一端双脚前后站立,听到"开始"口令后,开始行走并计时,到另一端后停止计时。时间越短,动态平衡能力越好。

自由式轮滑主要练习内容:穿脱护具、安全摔倒与起立、基本站姿、抬脚、重心转移、直线滑行、前后画葫芦、平行转弯、脚跟刹车、V 字踏步、V 字走路、轮滑游戏等。

6.2.3.3 练习轮滑对儿童平衡能力的影响结果

如图 6.1 所示,实验前实验组与对照组的睁眼单脚站立时间差异不显著,实验后差异也不显著。实验后实验组与对照组的睁眼单脚站立时间差异也不显著。

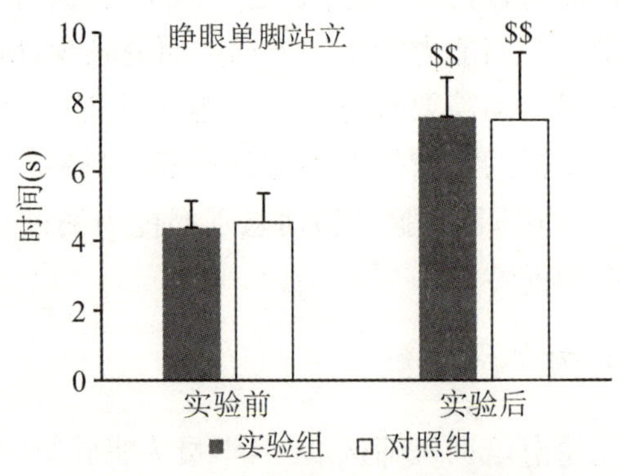

图 6.1 睁眼单脚站立对比结果图

注:* 表示 $P<0.05$,实验前组间对比差异显著;** 表示 $P<0.01$,差异非常显著。# 表示 $P<0.05$,实验后组间对比差异显著;## 表示 $P<0.01$,差异非常显著。$ 表示实验后与实验前对比差异显著;$$ 表示 $P<0.01$,差异非常显著。部分标注没有在图上显示,是因为没差异。如果删除相关标准,读者不清楚是否进行了比较。后不再赘述。

如图6.2所示，实验前实验组与对照组的闭眼原地踏步差异不显著，实验后差异也不显著。实验后实验组与对照组的闭眼原地踏步差异也不显著。

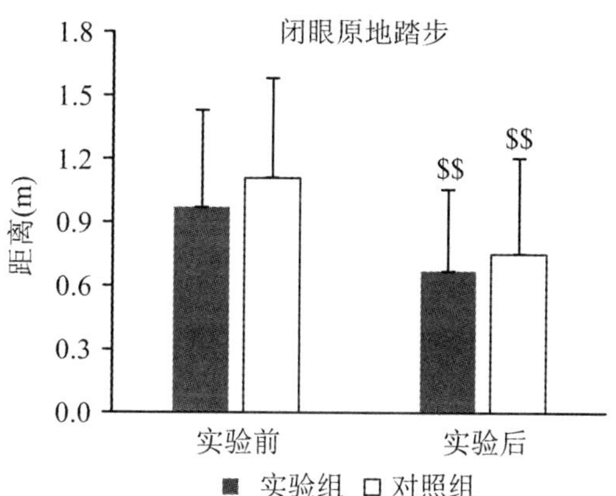

图6.2　闭眼原地踏步对比结果图

注：* 表示 $P<0.05$，实验前组间对比差异显著；** 表示 $P<0.01$，差异非常显著。# 表示 $P<0.05$，实验后组间对比差异显著；## 表示 $P<0.01$，差异非常显著。$ 表示实验后与实验前对比差异显著；$$ 表示 $P<0.01$，差异非常显著。

如图6.3所示，实验前实验组与对照组的平衡木测试结果差异不显著，实验后差异也不显著。实验后实验组与对照组的平衡木测试结果差异显著，实验组明显低于对照组。

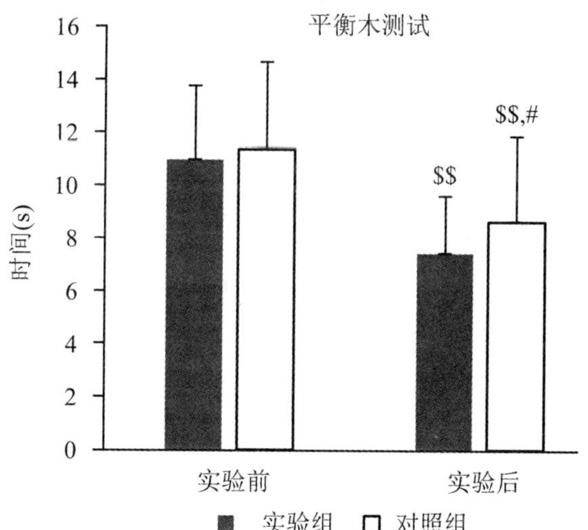

图6.3　平衡木测试对比结果图

注：* 表示 $P<0.05$，实验前组间对比差异显著；** 表示 $P<0.01$，差异非常显著。# 表示 $P<0.05$，实验后组间对比差异显著；## 表示 $P<0.01$，差异非常显著。$ 表示实验后与实验前对比差异显著；$$ 表示 $P<0.01$，差异非常显著。

6.2.3.4 讨论

轮滑运动受条件限制较小，只要有轮滑鞋、平整坚硬的地面、不下雨的天气即可开展，因此轮滑运动在儿童群体中很容易推广。本实验虽然要求对照组在实验期间不要参加体育类培训班，但是测试对象不一定都会严格遵循这一要求，而且有的儿童可能会自己练习轮滑。因此，这些因素可能会对实验结果产生一定的影响。儿童年龄过小时，由于下肢力量不足，平衡控制能力较弱，不适宜练习轮滑。因此，轮滑培训班里的儿童年龄基本上都在 4 岁以上，4～5 岁的儿童较少。不同年龄的儿童练习轮滑的效果不会完全一致，4 岁儿童初学轮滑时，每练习十几分钟就必须休息下再练习，学习效果较差；年龄大一些的儿童学习得会更快，效果会更好。因此，年龄因素可能也会对本书结果产生一定影响。但是，再从实验测试的控制、实验前的组间对比等方面综合分析，以上因素对实验结果的影响程度属于可控范围。

睁眼单脚站立主要用于测试儿童在睁眼状态下的静态平衡能力，评估儿童睁眼状态下是否能够站得稳。本书中，实验前两组儿童静态平衡能力基本一致，表明分组均衡性较好；实验后静态平衡能力均有提升，而且实验组与对照组提升的幅度基本一致。这说明 3 个月的自由式轮滑练习对儿童静态平衡能力没有显著的影响。

闭眼原地踏步主要用于测试儿童闭眼状态下的动态平衡能力，对儿童的空间感知能力要求较高，评估儿童闭眼状态下是否能够走得准。本书中，实验前两组儿童闭眼原地踏步测试结果基本一致，分组均衡性较好。实验后两组儿童闭眼原地踏步测试结果均有显著提升，但是提升幅度基本一致。这说明 3 个月的自由式轮滑练习对儿童闭眼状态下的动态平衡能力没有显著的影响。

平衡木主要用于测试儿童睁眼状态下的动态平衡能力，对儿童本体感知能力要求较高，评估儿童睁眼状态下是否能够走得快又稳。本书中，实验前两组儿童平衡木测试结果基本一致，分组均衡性较好。实验后两组儿童平衡木测试结果均有显著降低，但是实验组降低的幅度更大。因为，平衡木测试结果为低优指标，因此 3 个月的自由式轮滑练习对儿童睁眼状态下的动态平衡能力有促进作用。

6.2.3.5 小结

长期的自由式轮滑练习对儿童静态平衡能力的影响不显著，对儿童闭眼状态下的动态平衡能力影响也不显著，能够明显提升儿童睁眼状态下的动态平衡能力。

第7章　结　　论

1. 人体平衡能力测评方法

人体平衡能力实验测评方法主要包括观察法、量表法和实验法。观察法主要包括闭目直立检查法、强化 Romberg 检查法、单腿直立检查法、过指试验。量表法主要包括 Berg 平衡量表、Tinetti 步态和平衡量表、活动平衡信心量表、Brunel 平衡量表、动态步态指数、功能性步态评价、计时起立-行走测验、Fugl-Meyer 平衡量表、Lindmark 平衡量表等。实验法包括静态、动态、综合测评法。

2. 老年人平衡能力的影响因素

老年人手的反应速度与静态平衡综合能力无关，但是老年人足的反应速度越快，静态平衡综合能力越好。老年人手、足的反应速度与双足站立时的静态平衡能力关系较为密切，与线性步和单足站立时的静态平衡能力无关；老年人手、足的反应速度对动态平衡能力没有影响。老年人上肢和下肢的动作速度对静态平衡综合能力没有影响；老年人下肢的动作速度越快，双足闭眼时的包络面积和轨迹长就越小，单位面积轨迹长越大；老年人上肢和下肢的动作速度越快，动态平衡能力就越好。前应力对老年人静态平衡能力没有影响，后应力和侧应力对老年人静态平衡综合能力以及单足睁眼时的静态平衡能力具有较弱但显著的影响，后应力和侧应力越大，老年人静态平衡综合能力和单足睁眼时的静态平衡能力就越好；前、后、侧应力对动态平衡能力没有影响。仅后伸及能力与老年人的静态平衡综合能力，尤其是单足睁眼时的静态平衡能力，存在较弱的正相关关系。仅前伸及能力与老年人的动态平衡能力存在较弱的正相关关系。老年人足的触觉空间辨别能力越强，静态平衡综合能力、双足睁眼静态平衡能力、双足闭眼静态平衡能力、单足睁眼静态平衡能力就越好；闭眼向后跨步的空间感知能力越强，双足睁眼或双足闭眼站立时的静态平衡能力越好；老年人的感知觉对老年人原地站立时的自动态平衡能力没有影响。在对静态平衡综合得分的回归预测中，预测变量为足两点阈、闭眼后方、总伸及、睁眼前方时，调整后的 R^2 为 0.917，模型拟合效果非常好，而且不存在多重共线性问题，回归方程为 $\hat{y}$=80.378－1.804×足两点阈＋3.051×闭眼后方＋1.029×总伸及－3.213×睁眼前方，对静态平衡综合得分影响程度由高到低依次是足两点阈、闭眼后方、总伸及、睁眼前方。回归模型对动态得分的预测效果较好，预测变量为侧应力、右伸及时，调整后的 R^2 已经达到了较高水平，为 0.756。对动态得分预测效果最好的回归方程为 $\hat{y}=23392.279-276.289\times$侧应力＋1097.315×右伸及。侧应力标准化回归系数为－0.938，对动态得分影响相对较大，侧应力越大，动态得分越低，动态平衡能力越弱；右伸及标准化回归系数为 0.630，对动态得分的影响相对偏弱，右伸及能力越大，动态得分越高，动态平衡能力越强。

3. 青年人群平衡能力的影响因素

中枢神经系统出现轻度疲劳后，对青年男子的静态平衡能力会产生一定的影响。具体表现为身体的重心晃动情况加剧，身体更容易出现向右侧前后方向的倾倒趋势。青年人的身高与动态平衡能力无关，但是青年男性的身高会对静态平衡能力有较弱的影响，身高越高，静态平衡能力就越好。青年女性的身高越高，双足闭眼和右足睁眼时对静态平衡的精细调控能力越强。青年男性的体重与动态平衡能力具有中等程度的负相关关系，体重越重，动态平衡能力越强。但是女性的体重与平衡能力无关。BMI 仅对青年男性的动态平衡能力具有较弱的影响，BMI 越大，动态平衡能力越弱。青年人的体脂率和腰臀比与平衡能力没有相关关系，但是青年女性的体脂率和腰臀比越高，左足睁眼时的静态平衡精细调控能力越强。

4. 少年儿童平衡能力的影响因素

少年儿童的性别对静态平衡能力没有影响，但是对动态平衡能力有影响，男性的动态平衡能力优于女性；少年儿童的年龄越大，静态和动态平衡能力越好；少年儿童的身高与静态平衡能力存在很弱的正相关关系，身高越高，静态平衡能力越好，但是少年儿童的身高对动态平衡能力没有影响；少年儿童的体重、BMI、体脂率对静态和动态平衡能力没有影响。评估 7～10 岁少年儿童动态平衡能力效果较好的指标依次是闭眼原地踏步测试和多向伸及试验，但是在使用这两项指标时要考虑身高、臂长等因素的影响，可考虑采用相对性指标。习练中国舞会使儿童的平衡能力提高得更快，16 周的中国舞锻炼使儿童静态平衡能力提升了 45.7%，动态平衡能力提升了 26.5%。长期练习跆拳道对儿童静态平衡能力的影响不显著，但是能够明显提升儿童的动态平衡能力。长期练习跆拳道使儿童闭眼原地踏步和平衡木测试成绩比对照组分别多提升了 25.5% 和 6.7%。长期的自由式轮滑练习对儿童静态平衡能力的影响不显著，对儿童闭眼状态下的动态平衡能力影响也不显著，能够明显提升儿童睁眼状态下的动态平衡能力。

参 考 文 献

[1] 王瑞元,苏荃生. 运动生理学[M]. 北京:人民体育出版社,2015:346-348.

[2] 陈海霞,宁宁. 人体平衡功能评定研究的最新进展[J]. 现代护理,2006,12(23):2173-2175.

[3] Sayenko D G, Alekhina M I, Masani K, et al. Positive effect of balance training with visual feedback on standing balance abilities in people with incomplete spinal cord injury[J]. Spinal Cord, 2010,48(12): 886-930.

[4] Valentic S. The right balance: using physical abilities testing to reduce injuries[J]. EHS Today,2016,9(9):30-31.

[5] De Rooij I J, van de Port I G, Meijer J G. Effect of virtual reality training on balance and gait ability in patients with stroke:systematic review and meta-analysis[J]. Physical Therapy,2016,96(12):1905-1918.

[6] 游永豪,温爱玲. 人体平衡能力测评方法[J]. 中国康复医学杂志,2014,29(11):1099 1104.

[7] 张蕲. 人体平衡功能评定的研究进展[J]. 国外医学(物理医学与康复学分册),2002(1):14-18.

[8] 任玉庆,潘月红. 人体平衡机能增长敏感期和衰减明显期的研究[J]. 吉林体育学院学报,2012,28(5):81-85.

[9] 赵影,虞定海,杨慧馨. 不同年限太极拳锻炼对中老年女性静态平衡能力的影响[J]. 中国运动医学杂志,2014,33(10):1015-1018,1021.

[10] 肖春梅,王彤,姜桂萍. 太极拳运动对老年平衡能力的影响[J]. 北京体育大学学报,2006(4):489-490,511.

[11] 孙威,毛德伟,逄峰,等. 太极拳和快走练习对老年女性平衡能力的影响[J]. 中国体育科技,2012,48(5):75-80.

[12] 陈晓彬. 太极拳、健身走对 70 岁以上女性静态平衡能力的影响[J]. 蚌埠

医学院学报,2015,40(6):773-776,780.

[13] 乾清华.太极拳对老年人平衡能力影响的实验研究[J].体育学刊,2009,16(8):102-104.

[14] 马欣,张杰.健身气功八段锦对中老年人平衡能力的影响[J].山东体育科技,2016,38(1):58-61.

[15] 冯宁,韩秀华,张一民.长期健身秧歌运动对绝经后女性静态平衡能力的影响[J].沈阳体育学院学报,2014,33(6):99-102.

[16] 张永珍,徐复智.秧歌舞锻炼对中老年女性平衡能力影响的综合评定[J].社区医学杂志,2015,13(2):7-10.

[17] 刘建宇,向家俊,魏星临,等.广场舞对绝经后妇女骨密度、血清雌激素及平衡能力的影响[J].中国体育科技,2014,50(2):78-82.

[18] 姚远.6个月太极柔力球练习对老年人静态平衡能力的影响[J].中国运动医学杂志,2008(5):612-613.

[19] 林长地,程亮,林晞.全身振动训练对老年女性平衡能力和下肢关节肌力的影响[J/OL].首都体育学院学报,2015,27(6):572-576.

[20] 秦洁.核心稳定性训练对艺术集体操学生平衡能力影响的研究[D].西安:陕西师范大学,2015.

[21] 王保奎,朱昆荣.核心稳定性训练与步行锻炼对老年女性平衡能力的影响[J].中国老年学杂志,2015,35(21):6208-6209.

[22] 黄若葭,武俊英,许志强,等.悬吊下进阶式闭链运动疗法对膝关节骨性关节炎患者平衡能力的影响[J].体育科学,2015,35(2):54-60.

[23] 徐洁.两种不同PNF模式对中老年女性踝关节本体感觉和下肢动态平衡能力影响的实验研究[J].辽宁体育科技,2016,38(3):40-43.

[24] 杨佳丽,吴巧珑.运动想象疗法对缺血性脑卒中患者下肢平衡能力的影响[J].哈尔滨医药,2016,36(4):443-444.

[25] 曹慧芳,刘淑霞,袁冰.运动想象疗法对脑卒中患者平衡能力和害怕跌倒的影响[J].中华护理教育,2015,12(9):697-700.

[26] 荣湘江,李逸清,戴昕.音乐双重任务对中老年人本体感觉及平衡能力的影响研究[J].科技经济导刊,2016(18):153.

[27] 王秀阳,王伟,许莉敏,等.老年人身体平衡能力的影响因素及改善方法[J].中国康复医学杂志,2015,30(6):631-634.

[28] 李旭龙,纪仲秋.太极拳和健美操锻炼对大学生静态平衡能力的影响[J].中国运动医学杂志,2013,32(7):591-595,600.

[29] 孙霞,高峰,孙越颖.悬吊训练对排球运动员平衡能力的影响[J].天津体育学院学报,2010,25(1):54-56.

[30] 徐敏咪.普拉提核心力量训练对艺术体操专选生平衡能力影响的实验研究[D].武汉:武汉体育学院,2012.

[31] 谢锋,王晓楠.8周TRX训练对艺术体操运动员身体平衡能力的影响[J].搏击(武术科学),2015,12(9):106-108.

[32] 王新亭,任静,苏海龙,等.背向行走足底压力分布特征对平衡能力的影响[J].医用生物力学,2016,31(6):506-512.

[33] 马俊杰.体操练习对学前儿童平衡能力发展的影响[J].上海体育学院学报,2001(2):67-71.

[34] 庞尔江.18周跆拳道训练对学龄肥胖儿童平衡能力的影响[D].苏州:苏州大学,2016.

[35] 刘钟钖.轮滑对学龄前儿童平衡能力影响的实验研究[D].济南:山东师范大学,2015.

[36] 王佳丽,杨宁,闵柱,等.前滚翻和拍球锻炼对学前儿童静态平衡能力的影响[J].中国运动医学杂志,2016,35(7):653-655.

[37] 姜桂萍,纪仲秋,焦喜便,等.动作发展视角的韵律性身体活动对3～6岁幼儿静态平衡能力的影响[J].中国运动医学杂志,2016,35(9):822-831.

[38] 米思奇.太极拳锻炼对10～11岁儿童平衡能力的影响[J].中国学校卫生,2016,37(1):43-45.

[39] 杨银龙.拓展游乐架对7～10岁儿童平衡能力影响的实验研究[D].西安:西安体育学院,2015.

[40] 李翠,赵丽,顾博雅.青少年跖屈肌群力量耐力对平衡能力的影响[J].河北体育学院学报,2014,28(1):69-72,76.

[41] 李伟艳,程其练,张丽花.核心力量锻炼对中度智力障碍儿童平衡能力的影响研究[J].北京体育大学学报,2013,36(2):55-59,65.

[42] 戴昕,马廷惠.感觉统合训练对自闭症儿童平衡能力与运动能力的影响[J].中国康复医学杂志,2008(5):436-437.

[43] 付奕,谢丽君,丘卫红,等.感觉系统障碍对脑卒中平衡能力的影响[J].中国康复理论与实践,2011,17(10):983-985.

[44] 王晓玲,陈峰,王勇,等.膝骨关节炎患者静态平衡能力的影响因素分析[J/OL].中国全科医学,2017(20):2464-2468.

[45] 陈丽榕,吴然,郑洁皎,等.膝骨关节炎对老年人平衡能力的影响[J].护

理研究,2016,30(11):1385-1387.

[46] 袁明珠.肥胖对青年人群平衡能力的影响[J].军事体育进修学院学报,2011,30(4):106-108.

[47] 赵琰,周文泉,涂人顺,等.仙龙胶囊对血管性痴呆患者平衡能力和脑电地形图的影响[J].中药新药与临床药理,2001(1):6-8,61.

[48] 张莉.钙剂与活性维生素D对老年骨质疏松患者平衡能力的影响[D].石家庄:河北医科大学,2015.

[49] 谢国旗,郝少君,苏峰,等.清脑片对小鼠转轮及转棒平衡能力的影响[J/OL].实用药物与临床,2016,19(10):1232-1234.

[50] 王淑丽.复方仙贞汤对绝经后骨质疏松妇女平衡能力的影响及其对成骨细胞作用的研究[D].北京:北京中医药大学,2007.

[51] 周丽珍,王淑丽.复方仙贞汤对绝经后骨质疏松妇女的平衡能力的影响[C]//第七届国际骨质疏松研讨会暨第五届国际骨矿研究会议论文集.乌鲁木齐:[出版者不详],2007:90-91,186.

[52] 吴金龙,陆阿明.不同类型踝关节护具对功能性踝关节不稳者静态平衡能力的影响[C]//中国体育科学学会运动生物力学分会.第十八届全国运动生物力学学术交流大会(CABS 2016)论文集.宁波:[出版者不详],2016:65.

[53] 陈梅.肌电生物反馈对脑卒中早期患者下肢平衡能力的影响[C]//中华医学会物理医学与康复学分会.中华医学会第九次全国物理医学与康复学学术会议论文集.南京:[出版者不详],2007:469-470.

[54] 付奕,谢丽君,丘卫红,等.加强干扰本体觉和视觉训练对脑卒中患者平衡能力的影响[J].临床医学工程,2011,18(10):1554-1555.

[55] 李珊.认知任务对脑卒中偏瘫患者立位平衡能力的影响[C]//中国康复研究中心.第七届北京国际康复论坛论文集:下册.北京:[出版者不详],2012:144-150.

[56] 李晏龙,沈莉.头部控制能力对正常人体平衡能力的影响[C]//中国康复研究中心.第三届中日康复医学学术研讨会暨中国康复专业人才培养项目成果报告会论文集.北京:[出版者不详],2006:270-275.

[57] 闫红光.武术运动及鞋对人体静态平衡能力影响的研究[C]//中国体育科学学会.第八届全国体育科学大会论文摘要汇编(二).北京:[出版者不详],2007:417-418.

[58] 唐松涛.影响老年2型糖尿病患者平衡能力的危险因素分析及改善平衡

能力的干预方法探索[D]. 合肥:安徽医科大学,2013.

[59] 田霞. 膝关节屈伸肌力变化对平衡能力的影响[D]. 苏州:苏州大学,2011.

[60] 肖春梅,王明铮,熊开宇,等. 老年人平衡能力的测试方法(综述)[J]. 北京体育大学学报,2001(4):494-496.

[61] 刘崇,阎芬,曹冰,等. 运动延缓老年人平衡能力下降的研究进展[J]. 中国康复医学杂志,2009(7):670-673.

[62] 肖春梅,李阳,党繁义. 老年人跌倒与平衡能力下降的相关测试指标[J]. 中国康复医学杂志,2003(8):10-12.

[63] 谢荣华,燕铁斌,陈海燕. 太极拳对平衡功能影响的对比研究[J]. 武汉体育学院学报,2005(3):72-74.

[64] 肖春梅. 老年人平衡能力的性别特征[J]. 体育科学研究,2001(2):26-28.

[65] 徐华平,冯珍. 康复医学中平衡功能评定的研究进展[J]. 南昌大学学报(医学版),2011(1):86-89.

[66] 乐建昆. 聋生运动平衡状况的初步调查研究[J]. 中国特殊教育,2002(4):22-27.

[67] 瓮长水,王军,王刚,等. Berg 平衡量表在脑卒中患者中的内在信度和同时效度[J]. 中国康复医学杂志,2007,22(8):688-717.

[68] Wade D T, Hewer R. Functional abilities after strikes: measurements, natural history and prognosis [J]. J. Neurosurg & Psychiatry, 1987, 50(2):177-182.

[69] Lajoie Y, Gallagher S P. Predicting falls within the elderly community: comparison of postural sway, reaction time, the Berg Balance Scale and the Activities-specific Balance Confidence (ABC) Scale for comparing fallers and non-fallers[J]. Arch. Gerontol. Geriatr., 2004, 38(1):11-26.

[70] 刘汉良,尤春景,黄晓琳,等. 正常人动态平衡能力测试的信度及效度分析[J]. 中华物理医学与康复杂志,2004,26(3):152-155.

[71] 管强,韩红杰,詹青,等. 活动平衡信心量表(中文版)的信度与效度研究[J]. 同济大学学报(医学版),2011(3):81-84.

[72] Tyson S F, De Souza L H. Development of the Brunel Balance Assessment: a new measure of balance disability post stroke[J]. Clin. Rehabil., 2004(7):801-810.

[73] 肖灵君,罗子芮,廖丽贞,等. Brunel平衡量表在脑卒中偏瘫患者中的效度和反应度研究[J]. 中国康复医学杂志,2009(1):26-29.

[74] 肖灵君,廖丽贞,燕铁斌,等. Brunel平衡量表中文版的开发及信度研究[J]. 中国康复医学杂志,2010(2):145-148.

[75] Wrisley D M, Walker M L, Echternach J L, et al. Reliability of the dynamic gait index in people with vestibular disorders[J]. Archives of Physical Medicine and Rehabilitation, 2003,84(10):1528-1533.

[76] 周明,彭楠,朱才兴,等. 功能性步态评价与Berg平衡量表对社区老年人跌倒风险的预测价值[J]. 中国康复理论与实践,2013(1):66-69.

[77] 李敏,瓮长水,毕素清,等. 计时"起立-行走"测验评估脑卒中患者功能性步行能力的信度和同时效度[J]. 中国临床康复,2004(31):6819-6821.

[78] 燕铁斌. "起立-行走"计时测试简介:功能性步行能力快速定量评定法[J]. 中国康复理论与实践,2000(3):19-21.

[79] Wrisley D M, Walker M L, Echternach J L, et al. Reliability of the dynamic gait index in people with vestibular disorders[J]. Arch. Phys. Med. Rehabil., 2003(10): 1528-1533.

[80] 许光旭,高晓阳,陈文红. Fugl-Meyer运动功能评分的敏感性及实用性[J]. 中国康复,2001(1):18-19.

[81] 顾旭东,李建华,叶小剑,等. Lindmark平衡评估在偏瘫康复评定中的效度研究[J]. 中华物理医学与康复杂志,1999(2):13-15.

[82] 蒲昭和. "闭眼单脚站立"可测人体老化程度[J]. 新闻世界(健康生活),2007(12):14.

[83] 姚鑫. 健身反向走对老年女性平衡能力的影响[J]. 山东体育学院学报,2008(10):59-61.

[84] 任玉庆,史曙生,孙洪亮. 男性核心肌力与平衡能力的增龄性变化及其相关性[J]. 天津体育学院学报,2011(3):269-272,276.

[85] 邓永明. 太极拳对老年人平衡能力的影响[J]. 山西师大体育学院学报,2004(3):87-88.

[86] 马玉,吴庆文,马素慧,等. 平衡仪与人体平衡功能的评定及干预[J]. 中国组织工程研究,2012,16(2):353-356.

[87] Skelton D A. Effects of physical activity on postural stability[J]. Age Ageing,2001,30(14):33-39.

[88] 郭燕梅,陈蔚,焦伟国,等. 膝骨关节炎患者动静态跌倒风险测试的临床

应用价值[J]. 中国康复理论与实践,2011,17(9):856-860.

[89] 张阳,游永豪,刘宝林,等. 广场舞与健步走锻炼对中老年女性静态平衡能力的对比研究[J]. 北京体育大学学报,2017,40(1):46-50.

[90] 张阳,张秋霞,金超. 单侧功能性踝关节不稳者的单足静态平衡能力[J]. 体育学刊,2014,21(5):131-135.

[91] 黄翠. 14～18 岁少年静态平衡能力评价系统的初步构建[D]. 石家庄:河北师范大学,2009.

[92] 宋桂芸,张璞,恽晓平. 平衡仪静态平衡功能参数正常参考值的建立及权重分析[J]. 中国康复理论与实践,2015,21(9):1069-1073.

[93] 黎健民,熊开宇. 生物力学测力板测量健美操运动员的静态平衡能力[J]. 中国组织工程研究与临床康复,2008,12(37):7334-7337.

[94] 刘汉良,尤春景,黄晓琳,等. 正常人动态平衡能力测试的信度及效度分析[J]. 中华物理医学与康复杂志,2004(3):26-29.

[95] 肖春梅,王明铮,熊开宇,等. 老年人平衡能力的测试方法(综述)[J]. 北京体育大学学报,2001(4):494-496.

[96] 肖春梅,李阳,党繁义. 老年人跌倒与平衡能力下降的相关测试指标[J]. 中国康复医学杂志,2003(8):10-12.

[97] 屈萍. 星形偏移平衡测试在评价优秀蹼泳运动员核心训练效果中的应用[J]. 武汉体育学院学报,2011(9):74-78.

[98] Robinson R,Gribble P. Kinematic predictors of performance on the star excursion balance test[J]. J. Sport Rehabil. ,2008(17):347-357.

[99] 刘波,孔维佳. 两种主动平衡评价方法在健康青年人中的应用[J]. 中国康复医学杂志,2009(8):684-689.

[100] Clement D B. Nutritional intake and hematological parameters in endurance runners [J]. Physician Sportsmed. ,1982(10):37-42.

[101] Banga J P, et al. An erythrocyte menbrane protein anomaly in march hemoglobinuria[J]. Laucet,1979(17):1048.

[102] 郑宏良. 视觉反馈姿势描记术测试姿势平衡[J]. 国外医学(耳鼻咽喉科学分册),2003(4):240-241.

[103] 娄丽那. 正常人动态平衡能力测试的信度和效度[D]. 上海:上海体育学院,2011.

[104] 朱敏,闫雅风,瓮长水. 老年人主动性静态和动态平衡测试的重测信度:Korebalance 平衡测量系统[J]. 中国康复理论与实践,2010(6):552-553.

[105] 姚鑫.健身反向走对老年女性平衡能力的影响[J].山东体育学院学报，2008(10):59-61.

[106] 张丽华，胡燕丽，李晓捷，等.平衡仪评定和治疗痉挛型脑瘫患儿平衡功能的研究[J].中国康复理论与实践，2010(3):245-247.

[107] 张丽，黎春华，瓮长水，等.Tetrax平衡测试系统用于老年人平衡功能测试的重测信度[J].中国康复理论与实践，2011(7):637-639.

[108] 邓军民，赵芳，全海英，等.针对老年人静态平衡仪主要指标的修正[J].中国临床康复，2005(47):4-7.

[109] 王红梅，徐秀林.人体动静态姿势平衡能力测试的理论与应用[J].中国组织工程研究与临床康复，2010(43):8095-8098.

[110] 黄桂双.特殊儿童平衡能力评估训练系统的设计与实现[D].上海:华东师范大学，2015.

[111] 王津存，王卫东，万琪，等.重心动摇平衡检查椎基底动脉供血不足性眩晕患者60例分析[J].第四军医大学学报，2003(7):631-633.

[112] 文诗广，刘明，陈伟群，等.亚急性联合变性的姿势平衡障碍定量评价及治疗前后的变化[J].中国康复医学杂志，2000(4):13-15.

[113] 宋桂芸，张璞，恽晓平.平衡仪静态平衡功能参数正常参考值的建立及权重分析[J].中国康复理论与实践，2015，21(9):1069-1073.

[114] 张艳丽.重心动摇仪与TCD对VBI眩晕患者的评价[D].大连:大连医科大学，2006.

[115] 王军，郎永斌，杜江华，等.悬吊运动训练对痉挛型脑瘫患儿运动及平衡功能的影响[J].中国当代儿科杂志，2018，20(6):465-469.

[116] 王丹，钟清玲，汤小敏，等.针刺推拿疗法对学龄期脑性瘫痪儿童平衡功能及害怕跌倒的影响[J].中国康复医学杂志，2017，32(4):440-442.

[117] 杨琦，王勇.轮滑练习对学龄前儿童平衡能力发展的影响[J].现代交际，2012(7):148.

[118] 李素芳，李兵，姜智平.老年及老年前期姿态稳定性的临床芯研究[J].中国老年学杂志，2001(1):12-13.

[119] 柏卫东，胡德淦.关于动平衡能力测定方法的研究[J].体育科研，1990(1):9-13.

[120] 付全.高水平击剑运动员视觉反应时特征的研究[J].首都体育学院学报，2010，22(5):80-84.

[121] 荣湘江，梁丹丹，钱京京.太极拳对中老年人握力及反应时的影响[J].中国康复医学杂志，2010，25(4):343-345.

[122] 王斌. 反应时及其影响因素的研究现状[J]. 首都体育学院学报，2003(4):110-113.

[123] Fozard J L, Vercryssen M, Reynolds SL, et al. Age differences and changes in reaction time: the Baltimore longitudinal study of aging[J]. J. Gerontol., 1994(4):179-189.

[124] Aley L, Miller E W, Bode S, et al. Effects of age, task complexity, and exercise on reaction time of women during ambulation tasks[J]. Geriatri. Phys. Ther., 2007(1):1-7.

[125] 高丽芳，杨连峰. 应用主动反应及被动反应评估年龄对平衡能力的影响[J]. 国外医学(老年医学分册)，2000(4):186.

[126] 顾凌. 结合专项特点发展蹦床单跳运动员动作速度能力的途径探讨[J]. 南京体育学院学报(自然科学版)，2009，8(3):48-49.

[127] 谢慧松. 中外优秀男运动员百米动作速度时空结构的运动学特征[J]. 成都体育学院学报，2007(5):76-79.

[128] 陈邹琦. 跆拳道击打动作速度及训练手段设计的研究[D]. 北京：北京体育大学，2013.

[129] 郑毓春，吴瑛. 动作速度及其训练方法[J]. 上海体育学院学报，1996(S1):113-115.

[130] 郑海鹰，刘颖，何春风，等. 脑卒中患者平衡功能康复评定方法与进展[J]. 辽宁中医药大学学报，2014，16(3):209-211.

[131] 王红梅，徐秀林. 人体动静态姿势平衡能力测试的理论与应用[J]. 中国组织工程研究与临床康复，2010，14(43):8095-8098.

[132] 刘阳. 人体平衡能力测试方法及平衡能力训练的研究进展[J]. 沈阳体育学院学报，2007(4):75-77.

[133] 陈世菊，许惊飞，赖华兵，等. 绝经后与育龄期健康成年女性稳定极限范围的比较[J]. 华西医学，2013，28(10):1582-1584.

[134] 刘波，孔维佳. 两种主动平衡评价方法在健康青年人中的应用[J]. 中国康复医学杂志，2009，24(8):684-689.

[135] 王茹. 不同内径篮圈对男子篮球运动员本体感知觉指标的影响实验研究[D]. 西安：西安体育学院，2015.

[136] 张军，杨海平，廖理连. 不同水平定向运动员感知觉指标的比较研究[J]. 广州体育学院学报，2013，33(2):97-100.

[137] 李宁. 论排球运动技能形成中的感知觉及其培养方法[J]. 广州体育学院学报，2003(3):71-72.

[138] 王宁.时间因素对触觉和痛觉空间分辨的影响[J].中国疼痛医学杂志，2006(3):185.

[139] 李云云，游永豪.青年男子空间感知觉评价指标体系的构建[J].南京体育学院学报(自然科学版)，2016，15(4):36-41.

[140] 马兆明.跳远运动员空间感知觉能力对踏板准确性影响的实验研究[J].吉林体育学院学报，2008(3):80-81.

[141] 吴岩，张力.我国优秀青年男子篮球运动员感知觉与投篮命中率关系的研究[J].哈尔滨体育学院学报，2005(3):112-113，117.

[142] 游永豪，蔺新茂，罗利华.几种多因素实验设计及统计分析方法在体育科研中应用[J].北京体育大学学报，2010，33(8):75-78.

[143] 游永豪，祁国鹰，温爱玲.体育科学实验研究中有“前测数据”的重复测量设计的统计分析方法的探讨[J].体育科学，2010，30(2):92-96.

[144] Bigland-Ritchie B，Furbush F，Woods J J. Fatigue of intermittent submaximal voluntary contractions，central and peripheral factors[J]. J. Appl. Physiol.，1986，61(2):421-429.

[145] 张蕴琨，丁树哲.运动生物化学[M].北京:高等教育出版社，2007.

[146] 李文彬，门高利，王德明.人体平衡功能测试系统研究进展[J].人类工效学，2000，6(3):46-50.

[147] 张阳，李晓静，游永豪.健美操女大学生髋关节等速肌力与静态平衡能力的相关性研究[J].南京体育学院学报(自然科学版)，2015，14(4):48-53.

[148] 张乐.评价大学生静态平衡能力的指标优选及影响因素研究[D].北京:北京体育大学，2008.

[149] 王海，张强.普通高校轮滑教学中提高女生平衡能力的实验研究[J].冰雪运动，2007(4):52-54.

[150] 武常宏.轮滑运动对大学生静态平衡能力影响的探究[J].职业时空，2009，5(2):180-181.

[151] 乔德才，邓树勋.运动生理学实验[M].北京:高等教育出版社，2006.

[152] 姚鸿恩.体育保健学[M].4版.北京:高等教育出版社，2006.

[153] 邢文华，曾凡辉，王路德.运动员科学选材[M].北京:人民体育出版社，1992.

[154] 王继红，张源，赵兴山，等.双能X线吸收法对体脂测量的应用[J].中国循环杂志，2011，26(3):212-215.

[155] 田德玲.瑜伽运动对高职女生身体形态、身体素质及生理机能的影响

[J]. 牡丹江师范学院学报,2012,15(3):35.

[156] 黄楚霖,林刁珠,黎锋,等. 广州地区 40 岁以上人群肥胖情况分析[J]. 中华内分泌代谢杂志,2013,29(3):242-244.

[157] 陆冉英,钟南山. 内科学[M]. 7 版. 北京:高等教育出版社,2009.

[158] 肖春梅. 老年人平衡能力的性别特征[J]. 体育科学研究,2001,5(2):26-28.

[159] 戴昕,李圆. 超重肥胖对中老年女性步态及平衡功能的影响[J]. 首都体育学院学报,2016,28(5):476-480.

[160] 袁明珠. 肥胖对青年人群平衡能力的影响[J]. 军事体育进修学院学报,2011,30(4):106-108.

[161] 张薪. 人体平衡功能评定的研究进展[J]. 国外医学(物理医学与康复学分册),2002,22(1):14-18.

[162] 时田乔,宫田英雄. 老年人的重心动摇[J]. 日本老年医学杂志,1999,37(15):821-828.

[163] Lebiedowska M K, Syczewska M. Invariant sway properties in children [J]. Gait Posture, 2000, 12(5):200-204.

[164] 徐本华,谢斌,黄永禧. 常人静态平衡姿势图影响因素的研究[J]. 中华物理医学与康复杂志,2005,35(6):340-343.

[165] Peterka R J. Sensorimotor integration in human postural control[J]. Neurophysiology, 2002(3):1097-1118.

[166] 袁明珠. 肥胖对青年人群平衡能力的影响[J]. 军事体育进修学院学报,2011,40(30):106-108.

[167] 李文宝. 肥胖对中年男性心肺功能和运动能力的影响[D]. 长春:东北师范大学,2007.

[168] 黄翠,赵焕斌. 14~18 岁少年静态平衡能力评价系统的初步构建[M]. 石家庄:河北师范大学,2009:13-16.

[169] 张建国,施雪琴,徐舟峰. 不同年龄阶段青少年静态平衡机能研究[J]. 中国运动医学杂志,2012,31(3):202-206,211.

[170] 施雪琴. 不同年龄阶段青少年静态平衡机能研究[D]. 南京:南京师范大学,2012.

[171] 付丽敏,崔景辉,冯巨涛. 性别与年龄对儿童静态平衡功能影响的定量对比分析[J]. 中国康复医学杂志,2010,25(3):251-254.

[172] 蒲昭和. "闭眼单脚站立"可测人体老化程度[J]. 新闻世界(健康生活),2007(12):14.

[173] 姚鑫. 健身反向走对老年女性平衡能力的影响[J]. 山东体育学院学报，2008(10):59-61.

[174] 肖春梅，王明铮，熊开宇，等. 老年人平衡能力的测试方法(综述)[J]. 北京体育大学学报，2001(4):494-496.

[175] 肖春梅，李阳，党繁义. 老年人跌倒与平衡能力下降的相关测试指标[J]. 中国康复医学杂志，2003(8):10-12.

[176] 刘汉良，尤春景，黄晓琳，等. 正常人动态平衡能力测试的信度及效度分析[J]. 中华物理医学与康复杂志，2004(3):26-29.

[177] 唐光旭，汪坤，任建新，等. 平衡能力对青少年运动能力影响的研究[J]. 青少年体育，2012(2):121-122.

[178] Berger W, Trippel M, Discher M, et al. Influence of subjects' height on the stabilization of posture[J]. Acta Otolaryngol., 1992, 112(1): 22-30.

[179] Hageman P A, Leibowitz J M, Blanke D. Age and gender effects on postural control measures[J]. Arch. Phys. Med. Rehabil., 1995, 76(10):961-965.

[180] Ageberg E, Ziitterstriim R, Friden T, et al. Individual factors affecting stabilometty and one-leg hop test in 75 healthy subjects, aged 15-44 years[J]. Scand. J. Med. Sci. Sports, 2001, 11(1):47-53.

[181] 曾世华. 运动生物力学在武术运动中的研究现状[J]. 西安体育学院学报，2002，19(3):55-56.

[182] 马俊杰. 体操练习对学前儿童平衡能力发展的影响[J]. 上海体育学院学报，2001，25(2):67-71.

[183] 文芝. 体育舞蹈训练对女大学生平衡能力影响的研究[D]. 西安：西安体育学院，2014.

[184] 时昌松. 体育舞蹈在提高7—9周岁女性儿童静态平衡能力的作用研究[J]. 当代体育科技，2014，4(17):13，15.

[185] 刘睿，张明，尚大伟，等. 探戈舞蹈锻炼对有近期跌倒史老年患者平衡能力的影响[J]. 中国运动医学杂志，2009，28(6):635-638.

[186] 陈欢欢. 跆拳道运动对儿童平衡能力影响的实验性研究[D]. 苏州：苏州大学，2016.

附　　表

附表 1　BBS 测试记录表

测试序号	测试内容	指令	评分标准	得分
1	由坐位到站位	请站起来，尝试不要用手支撑(用有扶手的椅子)	4＝不用手扶能够独立站起并保持稳定 3＝用手扶能够独立地站起来 2＝几次尝试后自己用手扶着站起 1＝需要他人少量的帮助才能站起或保持稳定 0＝需要他人中等或大量的帮助才能站起或保持稳定	
2	持续无支持站立	请在无支撑的情况下站立 2 min	4＝能够安全地站立 2 min 3＝在监视下能够站立 2 min 2＝在无支持的条件下能够站立 30 s 1＝需要若干次尝试才能无支持地站立 30 s 0＝无帮助时不能站立 30 s	
3	持续无支持坐位	请双手抱胸坐 2 min	4＝能安全无协助地坐 2 min 3＝在监护下能坐 2 min 2＝能独立坐 30 s 1＝能独立坐 10 s 0＝需支撑才能坐 10 s	
4	由站到坐动作	请坐下	4＝需要很少帮助(手支撑)就能安全坐下 3＝需要用手控制才能慢慢坐下 2＝腿的背面需靠着椅子来控制坐下 1＝能独立坐下但下降过程无控制 0＝需要帮助才能坐下	

续表

测试序号	测试内容	指令	评分标准	得分
5	床椅转移	从床上起来坐到椅子上	4=能安全转移很少用手 3=能安全转移需手支撑 2=口头提示/监督下能转移 1=需一个人帮助转移 0=需两个人帮助转移/监督	
6	闭眼无支持持续站立	闭眼站立 10 s	4=能安全地闭眼站立 10 s 3=监督下闭眼站立 10 s 2=闭眼站立 3 s 1=不能闭眼 3 s,但能安全地站立 0=需帮助防止摔倒	
7	无支持双足并拢持续站立	无支撑下双足并拢站立	4=能双足并拢并安全地站 1 min 3=监督下能双足并拢并安全地站 1 min 2=能双足并拢,但不能保持 30 s 1=需帮助并拢双足,能保持 15 s 0=需帮助并拢双足,不能保持 15 s	
8	站立位上肢前伸距离	抬起上肢成 90°,伸开手指尽可能地向前伸	(上肢成 90°时,测试者将直尺置于手指末端,手指不能触到尺子,测量受试者前倾最大值时手指向前伸的距离,尽量双手前伸避免身体旋转) 4=能安全地向前伸 25 cm 3=能向前伸 12 cm 2=能向前伸 5 cm 1=监督下能向前伸 0=需外部支撑/向前伸时失去平衡	
9	站立位从地上取物	站立位捡起脚前面的拖鞋/物品	4=能安全容易地捡起拖鞋 3=监督下能捡起拖鞋 2=不能捡起拖鞋,但当距离物品 2～5 cm 时能独立保持平衡 1=不能捡起,尝试时需监督 0=不能尝试/需帮助防止失去平衡或摔倒	

续表

测试序号	测试内容	指令	评分标准	得分
10	转身向后看动作	左转看身后，再右转看身后	(测试者在患者背后直接观察，鼓励患者转身) 4=能从左两边向后看，重心转移较好 3=能从一边向后看，另一边重心转移较少 2=只能从一边向后看，但平衡较好 1=转身时需监督 0=需帮助防止重心不稳或摔倒	
11	身体原地旋转一周	顺时针转身一周，暂停，再逆时针转身一周	4=安全转身一周用时小于或等于 4 s 3=只能一个方向转身一周用时小于或等于 4 s 2=能安全地转身一周但较缓慢 1=需要密切监督或口头提示 0=需要帮助	
12	持续无支持双足交替踏台阶	无支撑下双足交替踏台阶(或矮凳)4 次	4=能安全独立地交替踏 4 次，用时在 20 s 内 3=能独立地交替踏 4 次，用时＞20 s 2=在监督下(不需帮助)双足交替踏 2 次 1=需少量帮助能双足交替踏＞1 次 0=需帮助尝试/防止摔倒	
13	双足前后持续站立	一只脚向前迈步	(前脚的脚跟在后脚的脚趾前，步长需超过脚长，步宽需约等于患者的正常步宽) 4=能独立向前一步并保持 30 s 3=能独立向前一步并保持 30 s 2=能迈一小步并保持 30 s 以上 1=迈步时需帮助但能保持 15 s 0=在迈步或站立时失去平衡	
14	单腿持续站立	无支撑下单脚站尽可能长时间	4=单腿独立站立＞10 s 3=单腿独立站立 5～10 s 2=单腿独立站立≥3 s 1=能抬起脚独立站立但不能保持 3 s 0=不能尝试/需帮助防止摔倒	
			合计：	

附表 2　Tinetti 步态和平衡测试记录表

测试类型	测试序号	测试内容	评分标准	得分
步态测试	1	起步	0=没有迟疑,或尝试多次才能成功起步 1=正常起步	
	2	抬腿高度	A 左腿跨步 0=脚拖地或太高及大于 2 in(1 in=2.54 cm) 1=脚完全离地,但不超过 2 in	
			B 右腿跨步 0=脚拖地或太高及大于 2 in 1=脚完全离地,但不超过 2 in	
	3	步长	A 左腿跨步 0=跨步脚未超过站立的对侧脚 1=跨步脚超过站立的对侧脚	
			B 右腿跨步 0=跨步脚未超过站立的对侧脚 1=跨步脚超过站立的对侧脚	
	4	步态对称性	0=两脚步长不等 1=两脚步长相等	
	5	步伐连续性	0=步伐之间不连续或中断 1=步伐连续	
	6	走路路径	0=明显偏移到某一方 1=轻度/中度偏移或使用步行辅具 2=走直线,且不需要辅具	
	7	躯干稳定性	0=身体明显摇晃或需使用步行辅具 1=身体不摇晃,但需屈膝或有背痛或需张开双臂以维持平衡 2=身体不摇晃,无需屈膝、无背痛、不需张开双臂以维持平衡或使用辅具	
	8	步宽(脚跟距离)	0=脚跟分开 1=走路时两脚几乎靠在一起	

续表

测试类型	测试序号	测试内容	评分标准	得分
平衡测试	1	坐位平衡	0=斜靠或从椅子上滑下 1=稳定	
	2	起身	0=没有帮助就无法完成 1=用胳膊帮助才能完成 2=不用胳膊就能完成	
	3	试图起身	0=没有帮助就无法完成 1=需要尝试 1 次以上才能完成 2=1 次尝试就能完成	
	4	立即站起来时平衡功能(站起的前 5 s)	0=不稳(摇晃,移动脚步,明显躯干摆动) 1=稳定,但是需要助行器或手杖,或抓住其他物体支撑 2=稳定,不需要助行器或手杖,或抓住其他物体支撑	
	5	坐下时平衡	0=不稳 1=稳定,但是两脚距离较宽[足跟中点间的距离大于 4 in],或使用手杖、助行器或其他支撑 2=稳定,两脚距离较窄,且不需要支撑	
	6	轻推(患者双脚尽可能靠拢站立,用手轻推 3 次)	0=开始就会摔倒 1=摇晃并要抓东西,但是只抓自己 2=稳定	
	7	闭眼(同第 6 姿势)	0=不稳 1=稳定	
	8	转身 360°	0=不连续的步骤 1=不稳定(手臂及身体摇晃) 2=稳定	
	9	坐下	0=不安全 1=用胳膊或动作不连贯 2=安全且动作连贯	
			合计:	

附表 3　ABC 测试记录表

测试序号	测试内容	得分										
		0	10	20	30	40	50	60	70	80	90	100
1	在房间里散步											
2	上下楼梯											
3	弯腰从地上捡起一双鞋子											
4	从与自己一样高的架子上拿东西											
5	踮起脚从比自己高的地方拿东西											
6	站在凳子上拿东西											
7	扫地											
8	外出搭乘出租车											
9	上下公交车											
10	穿过停车场去商场											
11	走上或走下较短的斜坡											
12	一个人到拥挤的商场(周围的人走得很快)											
13	在拥挤的商场里被人撞了一下											
14	拉住扶手上下自动扶梯											
15	手拿东西时不能握住扶手、上下自动扶梯											
16	在结冰的路面上行走											
均分：												

注：在你认为合适的得分下打“√”。

附表 4　BBA 测试记录表

测试序号	测试内容	评分标准	得分
1	坐位计时	坐位,无他人帮助,无后背支持,上肢可扶支撑台	
2	独坐举臂	坐位,无他人帮助,无后背支持,健臂全范围上举、放下	
3	独坐取物	坐位,无后背支持,平举健臂,伸手向前取物	
4	站立计时	站立位,无他人帮助,上肢可扶支撑台	
5	站立举臂	站立位,无上肢或他人帮助,健臂全范围上举、放下	
6	站立取物	站立位,无上肢或他人帮助,平举健臂,伸手向前取物	
7	跨步站立	站立位,无上肢或他人帮助,健足前跨,使健足足跟超过患足足尖水平	
8	辅助步行	无他人帮助,仅在助行器辅助下步行 5 m	
9	跨步重心转移	站立位,无上肢或他人帮助,患足前跨,使其足跟位于健足足尖前,重心在患腿和健腿间充分转移	
10	无辅助步行	无助行器或他人辅助,独立步行 5 m	
11	轻踏台阶	站立位,无上肢或他人帮助,患腿负重,健足踏上、踏下 10 cm 台阶	
12	上下台阶	站立位,无上肢或他人帮助,健足踏上 10 cm 台阶,患足跟上,然后健足踏下台阶,患足收回	
		合计:	

注:不能通过为 0 分,能通过为 1 分。

附表 5 DGI 测试记录表

测试序号	测试内容	指令	评分标准	得分
1	基本步态	请用平常步速从这一标识走到下一标识	3=正常:步行 20 ft(1 ft=0.3048 m),步速步态正常,无辅助工具,无失平衡现象 2=轻度受损:步行 20 ft,使用辅助工具,步速慢,步态轻度异常 1=中度受损:步行 20 ft,步速慢,步态异常,有失衡现象 0=重度受损:无帮助不能完成步行 20 ft,严重的步态异常或失衡	
2	步速改变	开始时请用平常步速行走(5 ft),当我说"go"时,请以尽可能快的速度步行(5 ft),当我说减速时,请以尽可能慢的速度步行(5 ft)	3=正常:能顺利改变步速无失衡及步态异常,各种速度间有显著差异 2=轻度受损:改变步速时有轻度步态异常,或不能改变步速,或使用辅助工具 1=中度受损:步速仅有轻度改变,或步速改变时有显著步态异常,或步速改变时失衡但很快能恢复,并能继续行走 0=重度受损:不能改变步速,或失去平衡	
3	步行中头部水平转动	开始时请用平常步速行走,当我说"向右看"时,继续向前行走同时将头转向右侧直到我说"向左看",然后继续向前行走,同时将头转向左侧直到我说"向前看",继续向前行走同时头保持中立位	3=正常:能平滑转动头部,无步态步速改变 2=轻度受损:能平滑转动头部,但有轻度步速改变 1=中度受损:转动头部时有中度步速改变,减慢,蹒跚,但很快能恢复并继续向前行走 0=重度受损:转动头部时有显著步态步速异常,如蹒跚、失衡、停止、扶墙等	

续表

测试序号	测试内容	指令	评分标准	得分
4	步行中头部垂直运动	开始时请用平常步速行走，当我说“向上看”时，继续向前行走同时头部上抬直到我说“向下看”，然后继续向前行走同时低头直到我说“向前看”，继续向前行走同时头保持中立位	3=正常：能平滑活动头部，无步态步速改变 2=轻度受损：能平滑活动头部，但有轻度步速改变 1=中度受损：活动头部时有中度步速改变，减慢，蹒跚，但很快能恢复继续向前行走 0=重度受损：活动头部时有显著步态步速异常，如蹒跚、失衡、停止、扶墙等	
5	步行中转身	开始时请用平常步速行走，当我说“转身停止”时，尽可能快地转身面向相反方向停步	3=正常：在3 s内能快速安全转身立即停步，无失衡现象 2=轻度受损：安全转身时间>3 s，出现失平衡现象 1=中度受损：缓慢转身，需言语指导，在转身停步过程中需小碎步保持平衡 0=重度受损：不能安全转身，在转身停步时需帮助	
6	步行中跨越障碍	开始时用平常步速行走，当遇到鞋盒时，跨越它，然后继续前进	3=正常：能跨越鞋盒，无步速改变，无失衡现象 2=轻度受损：能跨越鞋盒，但必须减低步速，甚至需调整步子以便安全跨越鞋盒 1=中度受损：能跨越鞋盒，但必须停止步行，然后跨越，并需言语指导 0=重度受损：无帮助下无法跨越鞋盒	

续表

测试序号	测试内容	指令	评分标准	得分
7	步行中绕过障碍物	开始时用平常步速行走，当遇到第一个障碍物时(6 in处)，从其右侧绕过，当遇到第二个障碍物时(12 in处)，从其左侧绕过，继续前进	3＝正常：能安全绕过障碍物，无步速改变，无失衡现象 2＝轻度受损：能绕过两个障碍物，但必须减低步速，甚至需调整步子 1＝中度受损：能绕过两个障碍物，但必须显著降低步速，并需言语指导 0＝重度受损：不能绕过障碍物，步行时会碰到一个或两个障碍物，或需要帮助	
8	上下台阶	与您在家时一样上下台阶，如必要时可使用扶手，到顶部后转身下台阶	3＝正常：双脚交替上下台阶，无扶手 2＝轻度受损：必须借助扶手才能双脚交替上下台阶 1＝中度受损：必须借助扶手才能两步上下台阶 0＝重度受损：不能安全地上下台阶	
			合计：	

附表 6　FGA 测试记录表

测试序号	测试内容	指令	评分标准	得分
1	水平地面步行	请用平常步速从这一标识走到下一标识	3＝正常：在 5.5 s 内步行 20 in(6 m)，无辅助工具，步速正常，无失平衡现象，正常步态模式，偏离 12 in(30.48 cm)宽的通道不超过 6 in (15.24 cm)。 2＝轻度受损：使用辅助工具在 5.5～7 s 内步行 20 in(6 m)，无辅助工具，步速较慢，轻度步态偏离，或偏离 12 in(30.48 cm)宽的通道 6～10 in(15.24～25.4 cm)。 1＝中度受损：在非正常步态模式、慢速、失衡情况下，需要超过 7 s 才能移动 20 in(6 m)，或偏离 12 in(30.48 cm)宽的通道 10～15 in (25.4～38.1 cm)。 0＝重度受损：无帮助不能完成步行 20 in (6 m)，严重的步态偏离或失衡，偏离 12 in (30.48 cm)宽的通道超过 15 in(38.1 cm)	
2	改变步行速度	开始时请用平常步速行走 5 in(1.5 m)，当我说“go”时，请以尽可能快的速度步行 5 in(1.5 m)，当我说“减速”时，请以尽可能慢的速度步行 5 in(1.5 m)	3＝正常：在无失平衡及步态异常的情况下能顺利改变步速，快慢速度间有显著差异。偏离 12 in(30.48 cm)宽的通道 6 in (15.24 cm)。 2＝轻度受损：改变步速时有轻度步态偏离，偏离 12 in(30.48 cm)宽的通道不超过 6～10 in (15.24～25.4 cm)。或者没有步态偏离但是不能明显改变步速，或需要使用辅助工具才能完成指令。 1＝中度受损：步速仅有轻度改变，或步速改变时有显著步态偏离，偏离 12 in(30.48 cm)宽的通道 10～15 in(25.4～38.1 cm)，或步速改变时失去平衡但很快能恢复，并能继续行走。 0＝重度受损：不能改变步速，偏离 12 in (30.48 cm)宽的通道超过 15 in(38.1 cm)，或失去平衡，不得不扶墙或被扶着	

续表

测试序号	测试内容	指令	评分标准	得分
3	步行时水平方向转头	从一个标识走 20 in (6 m)到下一个标识。开始时请用平常步速直行，当我说“向右看”时，继续向前行走同时将头转向右侧直到我说“向左看”，然后继续向前行走，同时将头转向左侧直到我说“向前看”，继续向前行走同时头保持中立位	3=正常：能平滑转动头部，无步态步速改变，偏离 12 in(30.48 cm)宽的通道不超过 6 in (15.24 cm)。 2=轻度受损：能平滑转动头部，但有轻度步速改变(例如：有较小的停顿)，偏离 12 in(30.48 cm)宽的通道 6～10 in(15.24～25.4 cm)或用辅助工具。 1=中度受损：转动头部时有中度步速改变，减慢，蹒跚，偏离 12 in(30.48 cm)宽的通道 10～15 in(25.4～38.1 cm)，但很快能恢复继续向前行走。 0=重度受损：转动头部时有严重的步态干扰[例如：偏离 12 in(30.48 cm)宽的通道超过 15 in(38.1 cm)；蹒跚、失衡、停止、扶墙等]	
4	步行时垂直转头	从一个标识走 20 in (6 m)到下一个标识。开始时请用平常步速行走，当我说“向上看”时，继续向前行走同时头部上抬直到我说“向下看”，然后继续向前行走同时低头直到我说“向前看”，继续向前行走同时头保持中立位	3=正常：能平滑转动头部，无步态步速改变，偏离 12 in(30.48 cm)宽的通道不超过 6 in (15.24 cm)。 2=轻度受损：能平滑转动头部，但有轻度步速改变(例如：有较小的停顿)，偏离 12 in(30.48 cm)宽的通道 6～10 in(15.24～25.4 cm)或用辅助工具。 1=中度受损：转动头部时有中度步速改变，减慢，蹒跚，偏离 12 in(30.48 cm)宽的通道 10～15 in(25.4～38.1 cm)，但很快能恢复继续向前行走。 0=重度受损：转动头部时有严重的步态干扰[例如：偏离 12 in(30.48 cm)宽的通道超过 15 in(38.1 cm)；蹒跚、失衡、停止、扶墙等]	

续表

测试序号	测试内容	指令	评分标准	得分
5	步行和转身站住	开始时请用平常步速行走，当我说“转身停止”时，尽可能快地转身面向相反方向停步	3＝正常：在 3 s 内能快速安全转身并立即停步，无失衡现象。 2＝轻度受损：安全转身时间＞3 s，并能在不失衡情况下站住；或 3 s 内安全转身但是有轻微失衡，需要小步调整达到平衡。 1＝中度受损：缓慢转身，需言语指导，在转身停步过程中需小碎步保持平衡。 0＝重度受损：不能安全转身，在转身停步时需要帮助	
6	步行时跨过障碍物	开始时用平常步速行走，当遇到鞋盒时，跨越它，不要绕过它，然后继续前进	3＝正常：能跨越两个叠放在一起的鞋盒[总高度为 9 in(22.86 cm)]，无步速改变，无失衡现象。 2＝轻度受损：能跨越 1 个鞋盒[总高度为 4.5 in(11.43 cm)]，无步速改变，无失衡现象。 1＝中度受损：能跨越 1 个鞋盒[总高度为 4.5 in(11.43 cm)]，但必须减速，调整步子安全跨越，并需言语指导。 0＝重度受损：在无帮助下无法跨越鞋盒	
7	狭窄支撑面步行	双手交叉抱于胸前，脚尖抵着脚跟沿直线行走 12 in(3.6 m)。在直线上行走的步数最多为 10 步	3＝正常：能够脚尖抵脚跟走 10 步，无蹒跚。 2＝轻度受损：完成 7～9 步。 1＝中度受损：完成 4～7 步。 0＝严重受损：完成少于 4 步，或在没有帮助的情况下不能完成动作	

续表

测试序号	测试内容	指令	评分标准	得分
8	闭眼行走	闭眼采用平常步速从一个标识走 20 in(6 m)到下一个标识	3=正常:在 7 s 内步行 20 in(6 m),无辅助工具,步速正常,无失衡现象,正常步态模式,偏离 12 in(30.48 cm)宽的通道不超过 6 in(15.24 cm)。 2=轻度受损:使用辅助具在 7～9 s 内步行 20 in(6 m),无辅助工具,步速较慢,轻度步态偏离,或偏离 12 in(30.48 cm)宽的通道 6～10 in(15.24～25.4 cm)。 1=中度受损:在非正常步态模式、慢速、失衡情况下,需要超过 9 s 才能移动 20 in(6 m),或偏离 12 in(30.48 cm)宽的通道 10～15 in(25.4～38.1 cm)。 0=重度受损:无帮助不能完成步行 20 in(6 m),严重的步态偏离或失衡,偏离 12 in(30.48 cm)宽的通道超过15 in(38.1 cm)或无法试图完成指令	
9	向后退	向后退着行走,直到我说"停止"	3=正常:后退走 20 in(6 m),无辅助工具,步速正常,无失衡现象,正常步态模式,偏离 12 in(30.48 cm)宽的通道不超过 6 in(15.24 cm)。 2=轻度受损:使用辅助具后退走 20 in(6 m),无辅助具,步速较慢,轻度步态偏离,或偏离 12 in(30.48 cm)宽的通道 6～10 in(15.24～25.4 cm)。 1=中度受损:在非正常步态模式、慢速、失衡情况下,后退走 20 in(6 m),或偏离 12 in(30.48 cm)宽的通道 10～15 in(25.4～38.1 cm)。 0=重度受损:无帮助不能完成步行 20 in(6 m),严重的步态偏离或失衡,偏离 12 in(30.48 cm)宽的通道超过 15 in(38.1 cm)或无法试图完成指令	

续表

测试序号	测试内容	指令	评分标准	得分
10	上下台阶	与您在家时一样上下台阶，如必要时可使用扶手，到顶部后转身下台阶	3＝正常：双脚交替上下台阶，无扶手。 2＝轻度受损：必须借助扶手才能双脚交替上下台阶。 1＝中度受损：必须借助扶手才能两步上下台阶。 0＝重度受损：不能安全地上下台阶	
合计：				

附表 7 Fugl-Meyer 平衡量表测试记录表

测试序号	测试内容	评分标准	得分
1	无支撑坐位	0=不能保持坐位	
		1=能坐但少于 5 min	
		2=能坚持坐位 5 min 以上	
2	健侧“展翅”反应	0=肩部无外展肘关节无伸展	
		1=反应减弱	
		2=正常反应	
3	患侧“展翅”反应	0=肩部无外展肘关节无伸展	
		1=反应减弱	
		2=正常反应	
4	支撑站立	0=不能站立	
		1=他人完全支撑时可站立	
		2=一个人稍给支撑能站立 1 min	
5	无支撑站立	0=不能站立	
		1=不能站立 1 min 或身体摇晃	
		2=能平衡站 1 min 以上	
6	健侧站立	0=不能维持 1～2 s	
		1=平衡站稳达 4～9 s	
		2=平衡站立超过 10 s	
7	患侧站立	0=不能维持 1～2 s	
		1=平衡站稳达 4～9 s	
		2=平衡站立超过 10 s	
		合计：	

附表 8　Lindmark 平衡量表测试记录表

测试序号	测试内容	评分标准	得分
1	自己坐	0＝不能坐	
		1＝稍许帮助(如一只手)即可坐	
		2＝独自坐超过 5 s	
		3＝独自坐超过 10 s	
2	保护性反应：病人闭上眼睛，从左侧向右侧推；再从右侧向左侧推	0＝无反应	
		1＝反应很小	
		2＝反应缓慢，动作笨拙	
		3＝正常反应	
3	在帮助下站立	0＝不能站立	
		1＝在两个人中度帮助下能够站立	
		2＝在一个人中度帮助下能够站立	
		3＝稍许帮助(如一只手)即可站立	
4	独立站立	0＝不能站立	
		1＝能站立 10 s，或质心明显偏向一侧下肢	
		2＝能站立 1 min，或站立时稍不对称	
		3＝能站立 1 min，上肢能在肩水平以上活动	
5	单腿站立(左腿)	0＝不能站立	
		1＝能站立，不超过 5 s	
		2＝能站立，超过 5 s	
		3＝能站立，超过 10 s	
6	单腿站立(右腿)	0＝不能站立	
		1＝能站立，不超过 5 s	
		2＝能站立，超过 5 s	
		3＝能站立，超过 10 s	
		合计：